# 상실의 문제를 가진 아동 · 청소년
_상실을 슬퍼하는 아이를 어떻게 도울 것인가?

| 아동과 청소년 문제해결 시리즈 9 |

# 상실의 문제를 가진 아동 · 청소년

### 상실을 슬퍼하는 아이를 어떻게 도울 것인가?

김유숙 · 유승림 지음

이너북스

## 제목에 있는

'상실'과 '아이'라는 단어들이 눈길을 끌었다면, 그 이유는 자녀 또는 가까이 지내는 아이의 삶에 최근 어떤 상실 사건이 일어났고 그것으로 아이가 힘들어하기 때문일지 모르겠다. 어쩌면 지금은 잘 지내는 것처럼 보이지만 아이가 경험한 과거의 상실 사건이 현재 미치고 있는 영향에 대해, 또는 곧 일어날 상실 사건을 아이가 어떻게 받아들일 것인지에 대해 걱정하고 있기 때문에 이 단어들에 이끌린 것일 수도 있다. 여러분이 지금 이 책을 읽고 있는 것은 여러분과 관련이 있는 아동·청소년에 대한 사랑과 관심, 돕고 싶은 마음에서 비롯되었을 것이다. 이는 매우 소중하고 귀한 마음이다. 그렇다면 우리는 상실로 인해 슬픔을 경험하는 아동·청소년을 어떻게 도울 수 있을까?

상실은 인간의 삶에서 피할 수 없는 경험이다. 아이들 역시 성장 과정에서 다양한 종류의 상실을 마주한다. 부모나 조부모, 친척이나 친구 또는 반려동물의 죽음을 경험하기도 하고, 아이 자신 또는 가족이나 가까운 사람의 질병이나 부상, 부모의 이혼이나 이사, 매우 아끼던 물건을 잃어버리는 것과 같은 물리적인 상실을 겪는다. 그 외에도 어떤 일로 인해 미래에 대한 꿈이나 가치를 잃게 되거나, 동생의 출생이나 진학의 실패 등으로 자신의 지위를 잃게 되는 상징적인 상실도 경험하게 된다. 소중한 것을 잃는다는 것은 매우 슬프고 괴로운 일이지만 우리가 어쩌지 못하는 삶의 한 부분이다. 우리가 어떻게 할 수 없는 일에 대한 가장 지혜로운 대처는 그것을 피하거나 없애려고 애쓰는 것이 아니라 인정하고 수용하는 것이다. 상실의 문제를 가진 아동·청소년의 경우, 먼저 아이들 자신이 소중한 것을 잃었다는 사실을 받아들이고 이에 따르는 슬픔과 괴로움을 자연스러운 감정으로 여기고 경험하도록 도와주는 것이 필요하다.

아동·청소년은 특히 장소나 규칙, 물리적인 익숙함 등과 같은 데에서의 변화에 영향을 많이 받는다. 상실은 그 자체뿐 아니라 그 사건에 따르는 일련의 변화들과 익숙한 관계에서의 변화를 야기하며 이것은 매우 혼란한 감정을 유발한다. 상실 대상을 잃어 버렸다는 것은 결국 그 대상과 내가 맺어 왔던 애착 관계를 해소해야 한다는 것을 의미한다. 여기에는 큰 고통과 괴로움, 슬픔 그리고 경우에 따라서는 분노가 따른다. 하지만 애도란 소중한 관계에 대한 기억을 지워 버림으로써 잊는 것이 아니다. 오히려 상실 대상에 대한 나의 생각과 감정을 충분히 느끼고 표현함으로써 그 대상과 새로운 관계를 형성하고, 그것을 현재 지속되고 있는 나의 삶의 이야기에 통합해 가는 과정이다. 상실 대상에 대한 애착 관계를 제대로 마무리하는 것은 아동·청소년의 삶 속에 또다른 애착 관계들이 잘 이루어지기 위한 필수 요건이다. 발달 과정에 있는 아동·청소년의 경우, 자신의 삶에서 일어나는 경험들을 어떻게 다루어 나가는지가 곧 각자의 자아정체감, 즉 나는 누구인가, 어떻게 사는 것이 나다운 삶인가 하는 일관된 감각을 형성하는 데에 영향을 미친다. 그러므로 삶의 환경을 뒤흔들고 큰 변화를 초래하는 상실에 대해 건강한 방식으로 애도하는 과정은 매우 중요하다.

우리는 상실의 괴로움과 슬픔을 겪고 있는 사람들에게 흔히 "이 또한 지나가리라."라는 말로 위로를 건넨다. 괴로움을 겪고 있는 이 시간 역시 멈추지 않고 흘러간다는 의미로는 맞는 말이다. 하지만 흘러가는 시간 자체가 애도를 완성해 가는 것은 아니다. 아무리 시간이 많이 흐르더라도 상실과 관련된 감정을 해결하지 못한 채로 지낸다면 삶의 다양한 영역에서 그 부정적인 영향이 나타날 수밖에 없다. 애도는 오히려 애도하는 사람의 능동적인 노력, 즉 행동을 통해 완성된다. 애도를 위한 노력은 소중한 것을 잃었다는 사실을 현실로 받아들이고, 슬픔과 괴로움을 헤쳐 나가면서 상실 이후 변한 환경에 다시 적응해 가는 것이다. 비록 상실의 대상이 물리적으로 지금 여기에 더 이상 존재하지 않지만 그 대상과의 관계를 재정립하고, 계속 진행되는 내 삶의 이야기에 포함해 가는 것이 바로 애도의 완성이다.

상실을 경험한 아동·청소년을 돕는다는 것은 결국 이들의 애도 과정이 건강한 방식으로 이루어지도록 도와주는 것이다. 우리는 다양한 방법을 사용해서 아동·청소년의 행동을 세심하게 관찰하고, 각 발달 단계에서 적절한 방법으로 자신의 감정을 느끼고 표현하도록 도와줄 수 있다. 하지만 이들의 애도 과정에 영향을 미치는 것은 어떤 '기법'이 아니다. 무엇보다 중요한 것은 부모 또는 돌봄 제공자가 가진 상실에 대한 태도이다. 왜냐하면 아동·청소년은 그들의 삶에서 중요한 성인인 여러분을 통해 삶의 가치나 태도들을 습득하기 때문이다.

이 책은 아동·청소년이 겪는 상실의 문제를 이해할 뿐 아니라 상실을 건강한 방식으로 애도하도록 돕고자 하는 잠재적 헬퍼 helper인 부모나 돌봄 제공자 그리고 교사들을 위해 쓰였다. 아이들에게 상실이 어떤 의미인지 알고, 소중한 것을 잃고 난 후 이들이 삶에 대해 갖게 되는 걱정이나 불안, 기대뿐 아니라 상실을 다루는 과정 중에 나타날 수 있는 행동들을 이해하는 데에 도움이 되도록 다양한 이론적 틀을 이용하여 설명을 제공하였다. 이 책은 또한 아동·청소년의 애도 과정을 잘 돕기 위해서 부모이며 교사인 여러분이 자신의 인생에서 일어난 다양한 상실을 어떻게 다루어 왔는지를 먼저 돌아볼 것을 제안한다. 성인이 먼저 자신의 상실을 잘 다룰 수 있어야만 아동·청소년을 도울 수 있기 때문이다. 다시 말하지만, 상실은 인생에서 필연적으로 일어날 수밖에 없는 사건이다. 상실을 경험한 시점에서 아동·청소년의 성장이 멈추고 희망과 기대가 사라지지 않도록 그 애도의 여정을 함께할 수 있다면, 그것이야말로 아이들에게 줄 수 있는 가치 있는 선물 중 하나가 될 것이다.

우리는 아동·청소년에 대한 지속적인 임상 경험을 토대로 이 책을 썼다. 부모들은 자녀의 문제나 어려움에 마음 아파하며 돕기 원한다. 하지만 자녀가 겪는 어려움이 정확하게 무엇인지 이해하지 못하기 때문에 자녀들이 보이는 여러 가지 문제 행동에 당황한다. 어떤 부모는 실제 문제보다 과장해서 바라보며 지나친 반응을 보이기도 하고, 또 어떤 부모는 도움이 필요한 심각한 문제임에도 불구하고 무심히 지나쳐 버리기도 한다. 우리의 경험에 따르면, 부모가 자녀의 어려움을 정확히 이해할수록 문제를 해결하는 데에 도움이 된다. 그러므로 우리는 아동·청소년을 상담할 때 부모가 자녀에 대해, 자녀가 겪는 어려움에 대해 충분히 이해할 수 있도록 돕기 위해 다양한 노력을 한다.

우리는 아동·청소년을 둘러싼 가족이나 전문가에게 도움을 주고 그들과 관련 지식을 함께 나누고 싶다는 열망을 가지고, 상담 현장에서 자주 볼 수 있는 몇 가지 문제를 선택하여 '아동과 청소년 문제해결 시리즈'를 구성했다. 이 시리즈는 기본적으로 세 개의 파트로 구성되어 있다. 첫 번째 파트는 각 문제 행동에 대한 정확한 이해를, 두 번째 파트는 이들을 돌보는 가족이나 전문가를 위한 조언을, 세 번째 파트는 이들과 상호 교류하는 데 유용한 여러 가지 놀이나 게임을 소개했다. 이 책이 상실의 어려움을 가진 아동·청소년을 대하는 가족이나 전문가에게 실질적인 도움이 되길 기대한다.

이 책의 출판과 관련하여 많은 분께 감사한다. 아동과 청소년의 문제를 다루는 도서는 현장의 경험을 토대로 한 실제적인 부분이 다루어져야 한다는 의견에 동의하면서 책의 출판을 권유해 주신 학지사의 김진환 사장님과 세심하게 편집을 해 준 김진영 차장님께 감사드린다. 무엇보다도 우리에게 자신의 이야기를 통해 많은 지식을 준 내담자들이 없었다면 우리는 아무것도 할 수 없었을 것이다. '아동과 청소년 문제해결 시리즈'의 모든 지식은 그동안 우리와 함께했던 내담자들을 통해 배운 것이라는 점을 밝히면서 우리와 시간을 함께한 일일이 이름을 밝힐 수 없는 많은 분께 감사를 전한다.

한스카운셀링센터에서
저자 일동

## 차례
## CONTENTS

## Part 3

# Part 1

## 아동·청소년이 경험하는 상실과 애도

상실이란?

애도란?

아동ㆍ청소년의 상실과 애도

상담실에서 만나는 아동·청소년의 문제 중에는 소중하게 여기던 무엇인가를 잃어버린, 즉 상실과 관련이 있는 것이 많다. 때로는 상실 자체가 심리적 어려움의 원인이 되기도 하지만, 대부분의 경우 상실이라는 고통스러운 경험을 다루는 방식이 아이들에게 다양한 문제 형태로 나타나는 것 같다.

상실의 어려움을 가진 아동·청소년들을 만날 때 나는 〈원더랜드〉라는 애니메이션 원제목은 〈Wonder Park〉의 주인공 준 베일리가 떠오른다. 상상력과 창의성이 뛰어난 여덟 살 소녀 준은 어머니와 함께 상상 속의 테마파크를 꾸미고 이야기를 만들면서 즐거운 나날을 보낸다. 그러던 어느 날 큰 수술이 필요한 병에 걸렸다는 것을 알게 된 어머니는 다른 도시의 병원으로 가게 되고, 준은 아버지와 둘이 남아 생활한다. 어머니가 없는 집에서 준은 더 이상 상상을 하거나 이야기를 만들거나 테마파크를 만들지 않는다. 어머니를 대신해서 아버지를 챙기고 집안일을 하면서 친구들과 놀거나 만나는 일도 피하게 된다. 주위의 어른들은 갑자기 모든 일에 대해 걱정하면서 강박적으로 집안일에 관여하는 준을 걱정하기 시작한다. 어른들은 준이 다시 '아이답게' 일상생활을 하고 좋아하던 놀이를 할 수 있게 도와주려고 한다. 하지만 준은 오히려 자신이 정성을 쏟아 만들었던 테마파크 모형들을 치워 버리고 어머니와 함께 만들던 설계도를 불태우고 만다.

이 이야기는 아동에게 상실이 어떻게 경험되는지를 잘 보여 준다. 준은 어머니가 치료를 위해 떠났다는 것을 알고 있지만, 다시 만날 수 있을지 확신이 없다. 혹시 어머니가 돌아온대도 그 시기가 언제일지 알 수 없다. 어쩌면 어머니를 다시는 못 볼 수도 있다. 하지만 어른들은 준에게 그저 괜찮다고 하고 준이 잘 지내는 모습을 보고 싶어 한다. 어른들은 준의 환경에서 '어머니의 부재'라는 한 가지만 변했다고 생각하지만, 준의 세상은 이미 그 이전과는 완전히 달라졌다. 영화 속에서는 준의 세상이 달라졌다는 것이 테마파크에 재앙이 일어난 것으로 묘사된다. 준이 꾸민 원더랜드는 완전히 변해 버렸다. 아름답고 유쾌하며 안전했던 놀이동산은 이제 황폐하고 무질서해졌다. 원더랜드는 이제 위험하고 무섭기까지 한 곳이 되어 버렸다.

상실loss이란 개인이 가치 있다고 여기는 것을 박탈당한 상태, 즉 자신이 중요하게 여기는 대상과의 관계를 잃어버리는 것을 말한다. 우리는 살면서 사랑하는 사람의 죽음을 통한 상실 경험, 즉 사별뿐 아니라, 이혼으로 인해 '온전했던' 가족을 잃게 되거나 이사나 전학 때문에 익숙했던 환경이나 사람들과 헤어지게 되기도 한다. 마음을 다해 돌보고 아끼던 반려동물의 죽음을 겪거나 질병이나 사고로 인해 건강이나 신체의 기능들을 잃어버리는 경우도 있다. 실직으로 직업을 잃거나 삶에서 중요하게 여겨 왔던 가치를 잃어버리기도 하고, 의미 있고 소중하게 여겼던 물건들을 잃는 일을 겪을 수도 있다. 한편, 상실은 발달상 자연스럽거나 긍정적인 생활 사건 속에서 경험되기도 한다. 예를 들어, 자녀를 낳으면 새롭게 부과된 부모 역할로 인해 자기 마음대로 시간과 에너지를 쓸 수 있었던 자유를 잃게 되거나, 성장한 자녀가 심리적·물리적으로 독립하게 되면서 부모가 '빈 둥지 증후군'이라는 외로움을 느끼기도 한다. 상급 학교로 진학하거나 승진을 할 때도 기존의 관계에서 변화나 새롭게 부여된 역할로 인해 스트레스를 경험할 수도 있다. 오랜 투병생활이나 나이 들어 맞이하게 되는 자연스러운 죽음과 같은 예견된 상실도 있다. 반면, 홍수나 화재, 가습기 살균제 피해나 대구 지하철 참사, 세월호 사건 같은 재난 사고나 중증급성호흡기증후군SARS이나 코로나바이러스감염

증-19$_{COVID-19}$ 같은 질병과 전염병으로 인한 갑작스럽고 예상치 못한 상실도 있다. 살아가면서 겪는 여러 사건들은 우리에게 다양한 종류의 크고 작은 상실의 경험을 가져다준다. 우리는 누구나 상실을 경험하고 어떤 형태로든 상실에 적응해 가면서 살아간다.

상실에 대한 강한 반응을 애도$_{grief}$라고 하는데, 사랑하는 사람이나 의미 있는 대상의 상실을 경험한 사람은 누구나 극심한 슬픔과 비탄의 감정을 느낀다. 이러한 애도는 죽음뿐 아니라 모든 종류의 상실에 대한 정상적인 반응이다. 그러므로 상실을 경험한 사람은 누구나 애도의 과정을 거친다. 그러나 사람들마다 애도하는 방식이나 속도가 다를 수 있다. 애도 반응 중에는 소중한 것을 상실한 이후의 삶에 적응하는 데에 도움이 되는 건강한 과정이 있고, 반대로 우리 삶의 질을 낮추는 건강하지 않은 애도 증상

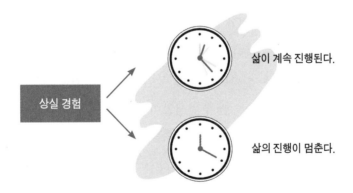

20

들이 있다. 건강한 애도는 상실로 인해 멈춰진 삶이 다시 진행되고 계속 성장하도록 만드는 반면, 건강하지 않은 애도는 우리 인생의 시계가 상실의 시점에 멈춰 있게 한다.

아동·청소년들 역시 여러 종류의 상실을 경험할 수 있다. 그러나 아동·청소년의 경우 성인과는 다른 인지적·정서적 발달 단계에 있으므로 애도에서도 구별되는 양상을 보인다. 그러므로 아동·청소년이 경험하는 상실의 경험을 이해하고 적응에 도움이 되는 건강한 애도의 과정을 아는 것은 매우 중요하다. 이 책의 목적은 부모나 성인 보호자들이 상실과 애도라는 삶의 자연스러운 한 과정에 대해 여러 측면에서 생각해 보도록 하는 것이다. 이를 통해 아동·청소년 자녀들이 경험하는 상실 경험을 이해하고 그들이 건강한 애도 과정을 통해 상실 이후의 삶에 다시 적응하는 것을 도울 수 있다.

다시 준의 이야기로 돌아가 보자. 어머니의 부재 이후 준은 아버지의 건강과 안전에 대한 걱정과 불안을 크게 느끼며 아버지의 식사를 챙기고 옷을 준비해 주고 잔소리를 한다. 손꼽아 기다리던 수학 캠프에 가던 차 안에서 불현듯 아버지에 대한 걱정으로 불안해진 준은 집으로 되돌아가려고 몰래 도망을 친다. 그러던 중에 자신이 만든 상상 속 테마파크인 원더랜드에 가게 된다. 준이 자신의 생활에 대해 흥미와 활력을 잃고 우울하고 분노하게 되자, 원더랜드는 황폐하고 위험해져버렸다. 준은 그곳에서 '어두움'에 대항하기 위해 여러 동물 친구들과 함께 모험을 하고 문제를 해결하며 결국 원더랜드를 재건한다. 원더랜드를 되돌릴 수 있는 열쇠는 자기 자신과 어머니와의 관계였다. 준은 여전히 어머니의 부재로 인한 상실감과 슬픔, 그리움을 가지고 있기는 하지만 다시 앞으로 나아갈 수 있게 된다. 멈춰 버린 원더랜드가 다시 움직이기 시작하면서 준도 다시 성장한다. 현실 세계로 돌아온 준은 친구들과도 어울리며 다시 일상의 삶을 살게 되고, 어머니는 치료를 잘 마치고 건강을 회복해서 집에 돌아온다. 준의 원더랜드는 지금도 운영 중이다.

Part 1 | 아동 · 청소년이 경험하는 상실과 애도 |

# 상실이란?

동찬이는 또래에 비해 키가 작고 몸집도 왜소해서 아무리 보아도 중학교 3학년이라고는 믿기 어려웠다. 곧 겨울을 앞둔 바람이 차가운 날씨에도 아래는 반바지에 슬리퍼, 위에는 얇은 점퍼를 입고 있었는데, 앞머리는 커튼처럼 눈을 가리고 얼굴 반을 덮어서 표정도 잘 보이지 않았다. 1, 2학년 때와는 달리 학교에서 우울하고 무기력한 모습이 두드러지고 아무것도 하고 싶지 않다는 동찬이를 걱정한 학교 선생님의 의뢰로 만나게 되었다.

눈도 잘 맞추지 않고 상담자(나)의 질문에 작은 소리로 겨우 "네, 아니오, 그냥요, 모르겠어요."라며 대답조차 잘 하지 않으려는 동찬이와의 만남은 몹시 부담스러웠다. 동찬이를 만날 수 있는 회기는 총 열 번인데, 마음을 열기는커녕 상담실에 와서 아무 말도 안 하니 마음이 조급해졌다. 하지만 상담이란 내담자의 마음을 얻는 것에서 시작되는 작업이므로 동찬이가 편안해할 만한 보드게임을 하면서 마음이 열리기를 기다리기로 했다. 5회기까지 동찬이는 말없이 게임을 하고 나는 동찬이가 문제를 해결하는 방식들에 대해 관찰하고 반영해 주었다. 6회기에는 그림 카드를 사용해서 이야기 만들기를 했는데, 동찬이는 매번 짧은 세 문장으로 대충 이야기를 만들었다. 그런 동찬이가 작은 동물 그림 카드들을 가지고 따뜻한 이야기를 만들었다. "동찬아, 강아지나 고양이 나오는 이야기는 해피엔딩으로 끝난다." "저 엄청 좋아해요, 강아지."

동찬이가 어렵게 꺼낸 이야기는 중학교 1학년 때 우연히 동네 아주머니에게서 얻어 기르게 된 강아지에 대한 것이었는데, 자신이 모아둔 용돈으로 동물병원에 데려가 주사도 맞추고 사료도 사서 정성껏 기르던 강아지가 자신이 학교 간 사이에 없어졌다는 것이다. 집에 와서 강아지가 없는 것을 알고 여기저기 찾으러 다녔지만 결국 찾지 못했고, 그 일로 화를 냈다가 오히려 아버지와 할머니에게 혼나고 맞기까지 했다고 한다. 그날 이후 그 강아지, '꽁이'에 대해 다시는 말한 적이 없지만 동찬이는 여전히 꽁이를 그리워했고, 할머니와 아버지를 원망하고 있었다. 우리는 꽁이에 대해, 동찬이가 꽁이를 어떻게 돌봤는지에 대해, 그리고 꽁이가 생각날 때 어떻게 했는지에 대해 이야기를 하며 6회기를 마무리했다. "만약 지금 우리가 나눈 얘기를 꽁이가 들었다면 뭐라고 할 것 같니?" "글쎄요, …… 고맙다? 짧은 시간이었지만 형이 첫 주인으로 나를 잘 돌봐 주고 소중하게 대해 줘서 행복했다고 할 것 같아요. 그리고 자기도 저를 보고 싶어 했다고 할 것 같아요. 어디서든 잘 지냈으면 좋겠어요."

이후 회기에서 동찬이는 자신의 인생에서 '어른들이 마음대로 해서 잃어버린 나의 소중한 것들'에 대해 이야기를 했다. 강아지 꽁이를 마음대로 내다 버린 할머니와 자기들 마음대로 이혼하고 떠나 버리고 화를 내는 부모에 대한 원망과 분노를 드러냈다. 동찬이가 어릴 때 아버지의 가정폭력으로 이혼한 어머니는 다른 도시에서 혼자 살고 있었다. 어머니가 전화번호마저 바꿔서 연락이 전혀 닿지 않은 채로 수년이 지났다. 동찬이가 중학교 2학년이 되면서 어머니와 전화 연락을 주고받다가 최근 아버지 몰래 어머니를 만나기 시작했다. 하지만 아버지는 어머니에 대한 원망과 화가 아직 크게 남아서 그런지 동찬이가 어머니 얘기를 꺼내기만 해도 혼을 냈다. 아버지가 술을 마신 날에는 "네 얼굴이 엄마를 닮아서 마음에 안 든다, 말대꾸를 하는 것을 못 참겠다, 네 엄마가 같이 살자고 하면 가 버리겠지."라는 말을 하며 때리기도 해서 동찬이는 아버지와 마주하는 것이 싫다. 어릴 때 다정하게 놀아 주기도 했던 아버지는 이제 기억 속에만 존재할 뿐이다. 초등학교 6학년인 남동생, 다섯 살 된 배다른 남동생, 아버지와 새어머니는 한 가족 같은데, 자신은 거기에 잘못 끼어 있는 것 같은 느낌이 든다. 그러던 중에 어머니가 "네가 원하면 엄마랑 살자."고 제안을 해서 동찬이가 고민을 하게 되었다. 그리웠던 어머니의 제안은 반갑지만 자신이 어머니와 살겠다고 하면 실망하고 배신감을 느낄 아버지가 마음 쓰이고, 동생들과 다시는 못 만나게 될까봐 걱정이라고 했다.

동찬이는 "내 것이 갑자기 사라졌는데 그것을 되찾기 위해 아무것도 할 수 없어서 슬프고 화가 났어요."라고 표현했다. 동찬이가 경험한 상실은 다시는 맞닿을 수 없는 두 개의 동떨어진 세계였다. 한쪽은 그리웠던 어머니가 외롭게 있는 세계이고, 다른 한쪽은 아버지가 새로 이룬 가족과 형제들이 있는 세계이다. 우리는 동찬이가 이 두 세계 속에서 무엇을 어떻게 하고 싶은지에 대해 이야기했다. 동찬이가 원하는 것은 두 개의 세계 중 하나를 고르는 것이 아니라 두 곳을 넘나드는 것이었다. 현실에서는 당장 원하는 대로 하지 못하더라도 동찬이는 최소한 자신이 무엇을 원하는지에 대해서는 알 수 있게 되었다. 동찬이는 자신이 언젠가는 강아지를 꼭 다시 길러 보고 싶고, 어머니와 아버지 사이를 자유롭게 오가고 싶다는 마음이 있는 것을 알았다. 동찬이는 부모 어느 쪽도 상처를 주거나 섭섭하게 하고 싶지 않고 누구와도 단절하고 싶지 않았다. 어느 날 동찬이는 어머니의 반지를 줄에 걸어서 목에 걸고 왔다. 아직은 자신의 마음을 결정하지는 못했지만 어머니와 못 만나고 있는 동안에도 어머니의 반지를 걸고 있으면 옛날처럼 단절된 기분은 들지 않는다고 했다.

상실이란 자신이 가치가 있다고 생각하는 대상에 더 이상 가까이 할 수 없게 되거나 그 대상을 박탈당하는 것이다. 즉, 소중하고 가치 있게 여기는 것을 잃어버리거나 그러한 것과의 관계가 단절되는 것을 말한다. 보통은 사랑하는 대상의 죽음을 상실이라고 여기지만, 그 밖에도 우리 삶에서 경험하는 상실의 형태는 매우 다양하다. 우리가 경험하는 상실에는 가족이나 사랑하는 사람의 죽음뿐 아니라 부모의 이혼, 반려동물의 죽음, 이사나 전학, 신체기능의 상실이나 질병, 꿈과 희망의 상실, 그리고 재난으로 인한 상실 등이 있다.

우리는 삶의 전환transition 단계에서 내가 원하는 것을 갖지 못한 경우에 '내가 기대한 것이 삶에서 일어나지 않았다'는 사실에 대해 상실감을 느낄 수 있다. 예를 들어, 생애 전환기에 일어나는 입학, 진학, 결혼, 취직, 임신 등은 예견된 사건들이다. 그런데 만약 이러한 전환 단계에서 시험에 떨어져서 재수를 하게 되거나, 결혼을 하지 못하거나, 불임이거나, 직업을 구하지 못한 채 지내

게 된다면 상실감을 느끼게 된다. 또한 예상치 못한 전환적 사건들, 즉 죽음뿐 아니라 결별, 해고, 질병, 사고, 이혼 등을 통해서도 상실 경험을 하게 된다. 이렇듯 우리는 살면서 상실의 경험을 피해 갈 수 없다. 상실은 인간이 발달하는 과정 중에 자연스럽게 발생하기도 하고 불의의 사건이나 사고를 통해 갑작스럽게 경험되기도 한다. 그리고 모든 상실은 그 나름의 고통과 슬픔과 아픔을 동반한다.

'무엇을 잃어버렸는지'가 가시적으로 구분될 수 있는 분명한 상실이 있는 반면, 상실한 것이 무엇인지 잘 드러나지 않는 '숨겨진 상실hidden loss'도 있다. 숨겨진 상실은 신뢰나 안전, 통제감 등을 잃어버리는 것으로, 눈에 보이지는 않지만 개인의 삶에 크게 영향을 미치게 된다. 또한 고통스럽기는 하지만 잃어버린 대상을 다시 찾을 수 있는 일시적인 상실과 사랑하는 사람의 죽음처럼 그 영향력인 영구적인 상실도 있다. 일시적인 상실이라면 우리는 대상을 다시 찾게 될 것을 기대하며 삶을 살게 될 것이다. 반면에 영구적인 상실은 상실한 대상이 없는 현실을 받아들이고 적응하면서 살아가는 것이 중요하다. 한편, 오랜 투병 생활을 해 온 부모의 죽음과 같이 미리 예견하는 상실이 있고, 사고로 인한 갑작스러운 죽음처럼 예측하지 못하는 상실도 있다. 예견된 상실은 실제로 상실이 일어나기 전부터 슬픔이 지속될 수 있는 반면, 예상하지 못한 상실로 인한 충격과 심리적 고통이 극심할 경우에는 상당히 오랜 시간 동안 그 상실감에서 벗어나지 못할 수도 있다.

# 애도란?

애도grief란 소중하고 가치 있는 것을 잃어버리는 경험에 대한 자연스러운 반응이다. 상실 중에서도 가족이나 사랑하는 사람의 죽음으로 인한 상태를 사별bereavement이라고 하는데, 사별뿐 아니라 모든 종류의 상실은 복잡하고도 강렬한 감정을 가져온다. 왜냐하면 자신이 소중하고 가치 있게 여기던 대상을 잃어버림으로써 일상생활에서 익숙했던 행동 패턴이 중단되거나 변화가 일어나게 되기 때문이다.

유기체는 생명을 보존하고 기능을 지속하기 위해 정해진 상태를 유지하려는 경향인 항상성homeostasis을 가지고 있다. 예를 들어, 일정하게 체온을 유지하는 항온 동물들은 주변의 온도가 올라가서 체온이 상승하게 되면 땀을 흘려서 증발시키면서 열을 내보내고, 추워지면 몸을 떨어 열을 냄으로써 자신의 체온을 유지하려는 경향이 있는데 이것이 바로 항상성이다. 상실은 일종의 심리적 외상trauma 경험으로 심리적 항상성에 불균형을 가져오기 때문에 균형의 상태로 회복하려면 치유의 시간이 필요하다. 다시 말하면, 우리는 '애도 작업'을 함으로써 심리적 균형감을 회복할 수 있다.

우리는 누구나 살면서 애도 경험을 하게 된다. 그렇지만 개인이 경험하는 애도는 각 사람마다 고유하며, 그 사람이 잃어버린 대상과의 관계에 따라 달라진다. 사람들마다 지문이 모두 다르듯이, 우리가 애도하는 방법도 각기 다르다. 또한 개인의 애도 반응을 결정하는 데에는 여러 가지 요인들이 합쳐져서 영향을 미친다. 그러므로 정상적인 애도 또는 올바른 애도는 어떤 정해진 특정 방식을 말하는 것이 아니다. 애도가 중단되거나 방해받지 않고 완성을 향해 나가고 있다면 이 과정은 정상적인 애도 반응이라고 할 수 있다. "애도가 완성을 향해 나간다."는 말은 애도에 끝이 있다는 의미가 아니다. 애도의 완성이란, 건강한 애도 과정을 겪으면 상실의 대상이 없는 현재의 삶을 받아들이고, 그 의미를 이해하고, 자신의 일상에 적응하며 살아갈 수 있게 된다는 뜻이다. 그 과정의 속도와 방법은 개인마다 다를 수 있다. 애도의 완성은 상실의 대상을 잊어버리는 것이 아니라 현실에 존재하지 않는 그 대상과 나의 관계를 새롭게 만들고 기억하면서 현재 나의 삶을 살아가는 것이다.

# 애도 과정에서는 무엇이 일어나는가?

애도 반응에는 상실의 대상누가 사라졌는가, 무엇을 잃어버렸는가과 상실의 이유죽음의 원인은 무엇인가, 왜 그리고 어떻게 그것을 잃어버렸는가뿐 아니라 상실을 경험한 개인이 가지고 있는 자원과 대처능력, 사회적 관계 등이 영향을 미친다. 즉, 똑같은 상실의 사건에 대한 애도 반응이라도 사람들마다 다르게 나타날 수 있다는 뜻이다. 그러나 모든 사람은 상실 이후 다음과 같은 보편적인 심리적 과정을 경험한다. 다음의 네 단계 과정은 상실의 경험 속에서 우리가 어떻게 상실한 애착 대상과의 관계를 재정립해 가게 되는지를 보여 준다Bowlby, 1980.

## 1단계

상실 이후 처음으로 겪는 단계는 정서적 무감각emotional numbness이다. 중요한 타인이 죽었다/떠났다는 사실을 믿지 못하고 정서적으로 무감각한 상태가 몇 시간 또는 몇 주에 걸쳐 나타난다. 정서적으로 무감각한 상태는 상실과 관련된 극심하고도 강렬한 정서적 고통을 느끼는 것을 일시적으로 지연시켜 준다. 하지만 여기에는 많은 에너지가 소모되기 때문에 정서적 무감각이 오래 지속된다면 체력이 저하되거나 신체적인 질병이 나타날 수도 있다.

## 2단계

갈망<sub>yearning</sub>과 추구<sub>searching</sub> 그리고 분노가 나타난다. 이 단계에서는 정서적 무감각이 사라지기 시작하고, 상실이 실제로 일어났음을 직시하게 된다. 그러면서도 고인 또는 상실 대상에 대한 생각에 사로잡혀서 전화벨 소리나 현관 문소리를 들으면 '그 사람'이라고 생각하기도 한다. 울기, 상실 대상의 이름 부르기, 상실 대상이 어딘가에 존재하고 있다는 단서를 찾으려는 행동 등이 대표적으로 나타난다. 이것은 사라져 버린 애착 대상을 다시 찾고자 하는 노력이라고 할 수 있다. 상실을 경험한 사람은 상실의 대상을 떠올리게 하는 사건을 세세하게 반복적으로 생각하기도 한다. 상실한 사람에게는 잃어버린 대상을 찾아서 재결합하고자 하는 정신적인 동기가 있기 때문에 잃어버린 대상과 관련된 형태나 단서들을 필사적으로 추구한다.

이별에 따르는 정상적인 반응 중 하나는 분노이다. 상실한 사람의 분노는 위로하는 친구나 지인들, 자기 자신, 그리고 상실의 대상 등 다양한 대상을 향할 수 있다. 볼비<sub>Bowlby</sub>는 상실에 대한 애도 과정에서 분노를 억제하기보다는 표현하는 것이 중요하다고 보았다. 왜냐하면 분노는 자신이 사랑하는, 소중하고 의미 있는 대상과의 관계가 변함없이 지속될지도 모른다는 희망을 더 이상 가질 수 없다는 데에 대한 감정이기 때문이다. 즉, 상실을 인정하는 데에 따르는 정서 반응인 것이다. 상실을 되돌릴 수 없다는 실존적인 상태를 받아들여야만 다음 단계로 나아갈 수 있다.

### 3단계

상실한 사람은 이제 혼란disorganization과 절망despair을 경험한다. 애착 대상을 상실했다는 것이 완전히 현실로 다가온다. 볼비는 상실의 충격은 마치 시소를 타고 있을 때 상대방이 갑자기 일어나 버린 것과 같다고 표현했다. 특히 관계의 상실을 경험한 사람이 잃은 것은 '사랑하는 그 사람'이라는 특정한 대상일 뿐 아니라 자신이 필요할 때 의지할 수 있는 안전기지이기도 하다. 사랑하는 사람의 존재로 인해 가질 수 있었던 모든 기대와 확신은 이제 불확실해졌고 불안정해졌으므로 내적으로 큰 혼란과 절망을 경험할 수밖에 없다. 이 단계에서는 에너지 수준이 낮아져서 피로감과 우울 증상을 경험하기도 한다. 그동안 유지해 오던 사회적인 관계로부터 철수하거나 스스로를 고립시키는 행동이 흔하게 나타난다. 상실 이전의 삶을 다시 회복할 수 있을지 확신하지 못해서 절망감을 느끼게 되기도 한다. 내가 누구인지는 상대방과의 관계 속에서 정의되는데 이제는 그 중요한 대상이 없는 상태에서 자신이 누구인지를 재정의해야 하고 상실로 인해 삶에 나타난 혼란과 변화를 수용해야 한다.

**4단계**

끝으로 재정립과 재적응의 단계이다. 중요한 애착 대상은 사라졌으나 계속 자신의 삶을 살아 나가야 한다는 사실을 깨닫고 받아들이면서 상실 대상과의 관계가 재정의된다. 또한 상실 이후의 새로운 삶에 대해 차츰 인식하게 된다. 소중한 애착 대상이 없는 세상을 인정하고 받아들이면서 다시 적응을 시작하는 과정이 서서히 시작된다.

볼비가 제시한 애도의 단계는 애착 대상을 상실한 이후 우리가 인지적·정서적·행동적 차원에서 어떤 변화 과정을 경험하는지를 보여 준다. 하지만 애도가 반드시 이 순서에 따라 순차적으로 진행되거나 한 번에 이루어지는 것은 아니다. 각 사람마다 애도 과정을 경험하는 것은 다를 수 있다. 각 단계에서 다음 단계로 넘어가는 데에 걸리는 시간도 다르고, 다시 이전 단계로 되돌아가는 일도 빈번하다. 하지만 이것 역시 정상적인 애도의 과정이다.

| 1단계 | | 2단계 | | 3단계 | | 4단계 |
|---|---|---|---|---|---|---|
| 정서적 무감각 | ➡ | 갈망<br>추구<br>분노 | ➡ | 혼란<br>절망 | ➡ | 재정립<br>재적응 |

[ 애도의 과정 ]

## { 애도의 진행: 건강한 애도와 병리적인 애도 }

상실 경험 직후에는 매우 강렬하고 포괄적인 반응이 일어난다. 매일매일 상실한 애착 대상과 다시 연결되기를 갈망하는 마음이나 정서적 고통, 그리고 이전에 경험해 본 적이 없는 여러 가지 신체적인 반응들심장이 빨리 뜀, 조마조마함, 하품을 자주 함, 어지럼증, 머리가 멍함 등을 경험할 수 있다. 또한 상실 대상에 대한 생각으로 인해 집중하기 어렵고 건망증이 심해질 수도 있다. 이와 같은 반응을 급성 애도acute grief라고 하는데, 상실의 슬픔이라는 상황을 고려하면 모두 정상적인 반응이다.

급성 애도 반응 이후, 애도자는 점차 죽음 또는 상실을 현실로 받아들이고 그 의미를 이해하게 되면서 다시 즐겁고 만족스러운 관계와 활동을 시작할 수 있게 되는데 이것을 통합된 애도integrated grief 반응이라고 한다. 통합된 애도는 상실 대상을 잊어버리거나, 덜 그리워하거나 또는 상실한 애착 대상을 떠올릴 때 슬픔을 느끼지 않게 된다는 뜻이 아니다. 애도자는 물리적으로 더 이상 존재하지 않는 애착 대상과 연결되어 있을 수 있는 방법을 찾고, 상실 대상과의 새로운 관계를 정립하게 된다. 일단 통합 애도 단계에 이르면 슬픔에 몰두하지 않고 다른 활동들을 할 수 있게 된다. 그러나 명절이나 생일, 기념일, 다른 상실을 경험할 때와 같이 중요한 사건을 전후로 해서 또는 특정한 스트레스 상황에서 급성 애도 반응이 다시 나타날 수 있지만 이는 모두 자연스러운 반응이다.

[ 애도의 진행 - 건강한 애도 ]

우리의 몸이 자연스러운 치유능력을 가지고 몸에 난 상처를 아물게 하는 것과 마찬가지로, 애도는 상실에 뒤따르는 자연스러운 치유 과정이다. 그러므로 일반적으로 급성 애도는 시간이 흐름에 따라 상실과 관련된 정서와 사고가 재구조화 과정을 거쳐 통합된 애도에 이르게 된다. 하지만 자연적인 치유능력으로 상처를 아물게 하지 못하는 경우가 있는 것처럼, 상실에 대한 애도, 즉 자연적인 치유 과정을 통해서도 애도 과정이 완결되지 않고 남아 있는 경우도 있다. 이것이 바로 복합성 애도complicated grief이다. 다시 말하면, 급성 애도가 통합된 애도로 진행되지 못한 채 오랜 시간 강렬한 애도 반응이 지속되는 상태가 바로 복합성 애도이다. 애도 과정이 중단되고 다시 정상적으로 진행되지 못하는 것은 큰 문제가 된다. 애도가 완성을 향해 진행되지 못한다면 상실의 슬픔과 고통에 압도당하거나 괴로움을 견디지 못해 부적응적인 문제행동들에 의존하게 되어 애도자가 삶에 다시 적응하는 것이 어려울 수 있다. 그러므로 미해결된 애도의 결과로 여러 가지 행동 문제나 정신과적인 질병이 나타날 수도 있으므로 전문가의 도움이 필요하다.

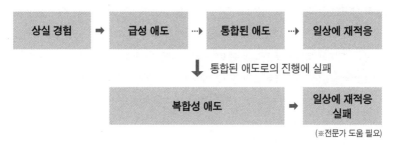

[ 애도의 진행 - 병리적인 애도 ]

# [ 참고: 복합성 애도 ]

복합성 애도는 추가 연구가 필요한 기타 정신장애로, 지속적 복합 애도 장애(Persistent Complex Bereavement Disorder)라는 진단명으로 정신질환의 진단 및 통계 편람(DSM-5, 2013)에 포함되었다. 정상적인 애도와 비교해 보았을 때, 지속적 복합 애도 장애는 심한 애도 반응이 12개월 이상(아동의 경우 6개월 이상) 지속적으로 존재한다는 점이 특징이다. 심각한 수준의 애도 반응이 사별 경험 이후 개인이 기능할 수 있는 능력을 방해한다. 지속성 복합 애도 장애는 생후 1년부터 어떤 연령에서도 발생할 수 있다. 일반적으로 증상들은 상실 이후 초기 몇 달 이내에 시작되지만 경우에 따라서는 몇 달, 몇 년까지 지연되기도 한다. 지속적 복합 애도 장애 진단을 위해 제안된 증상들은 다음과 같다.

**지속성 복합 애도 장애(DSM-5 pp. 870-871)**
A. 개인은 친밀한 관계에 있던 사람의 죽음을 경험한다.
B. 죽음 이후 다음 증상 중 적어도 한 개 이상을 임상적으로 현저한 수준에서 경험하는 날이 그렇지 않은 날보다 더 많고, 죽음 이후 성인의 경우 적어도 증상이 12개월 이상, 아동은 6개월 이상 지속된다.
   1. 죽은 사람에 대한 지속적인 갈망/그리움, 어린 아동의 경우 그리움이 놀이와 행동에 표현될 수 있는데, 이에 보호자 또는 기타 애착 대상으로부터 분리되거나 이들과 재회하는 것을 반영하는 행동들이 포함될 수 있음
   2. 죽음에 대한 반응으로서의 강렬한 슬픔과 정서적 고통
   3. 죽은 사람에 대한 집착
   4. 죽음을 둘러싼 상황에 대한 집착. 아동의 경우 죽은 사람에 대한 집착이 놀이와

행동의 주제로 표현될 수 있고, 자신과 가까운 다른 사람의 가상적인 죽음에 대한 집착으로 확대될 수 있음

C. 죽음 이후 다음 증상 중 적어도 6개 이상을 임상적으로 현저한 수준에서 경험하는 날이 그렇지 않은 날보다 많고, 증상이 성인의 경우 죽음 이후 12개월 이상, 아동은 6개월 이상 지속된다.

**죽음에 대한 반응적 고통**

1. 죽음을 받아들이는 것에 대한 현저한 어려움, 아동의 경우 죽음의 의미와 영속성을 이해할 수 있는 아동의 능력에 따라 다를 수 있음

2. 죽음에 대해 믿지 않거나 정서적 마비를 경험함

3. 죽은 사람을 긍정적으로 추억하지 못함

4. 죽음과 관련된 비통함 또는 분노

5. 죽은 사람 또는 죽음과 관련하여 자신에 대한 부적응적 평가(예: 자기비난)

6. 죽음을 상기시키는 것들에 대한 과도한 회피(죽은 사람과 관련된 사람, 장소 또는 상황에 대한 회피, 아동의 경우 죽은 사람에 대한 생각과 감정의 회피로 나타날 수 있다.)

**사회적/정체성 붕괴**

7. 죽은 사람과 함께 하기 위해 죽고자 하는 소망

8. 죽음 이후 타인을 신뢰하는 데에서 어려움

9. 죽음 이후 혼자라고 느끼거나 타인들로부터 분리된다고 느낌

10. 죽은 사람 없이는 인생이 무의미하거나 공허하다는 느낌, 또는 죽은 사람 없이 자신이 적응적으로 기능할 수 없다는 믿음

11. 인생에서 자신의 역할에 대한 혼란, 또는 자신의 정체성에 대해 감소된 느낌(예: 자신의 일부가 죽은 사람과 함께 죽어 버렸다고 느낌)

12. 죽음 이후 흥미를 추구하거나 미래를 위한 계획을 세우는 것이 어렵거나 꺼려짐 (예: 교우관계, 일상 활동)

D. 장애가 사회적, 직업적 또는 다른 중요한 기능 영역에서 임상적으로 현저한 고통을

초래한다.

E. 애도 반응이 문화적, 종교적 또는 연령에 따른 기대 수준에 부합하지 않거나 과도하다.

**다음의 경우 명시할 것**

외상성 사별의 경우: 살인 또는 자살로 인한 사별로, 죽음의 외상성 성질에 대한 지속적인 고통스러운 집착을 동반한다(흔히 죽음을 상기시키는 것들에 대한 반응으로 발생함). 이러한 외상성 특성에는 죽은 사람의 마지막 순간, 고통과 상해의 정도, 또는 죽음의 악의성이나 의도성이 포함될 수 있다.

# 아동 · 청소년의 상실과 애도

정호의 부모는 정호가 혹시라도 다칠까봐 걱정이 많았다. 정호가 걷기 시작했을 때 부모는 행여 넘어질세라, 정호가 조금이라도 비틀거리면 팔을 잡아 안아 주었다. "조심해야지, 그러다 넘어진다!" "그렇게 뛰면 안 돼, 다쳐!" "거기는 올라가는 거 아니야!" 할머니에게 선물로 받고 애지중지하며 매일 가지고 놀던 변신 로봇 장난감이 망가졌을 때도 부모는 새 것, 더 좋은 것을 사 주겠다고 달랬다. 정호가 혹시 힘센 친구에게 밀리거나 무리에 잘 끼지 못하고 따돌림을 당하기라도 할까 봐 부모는 정호에게 눈을 떼지 못했다. "정호야, 저쪽으로 가서 놀자. 저기 다른 친구들 있네." "울지 마, 엄마랑 놀자. 우리 공 던지기 할까?" 정호는 내년에 초등학교 입학을 앞두고 있는데, 부모의 걱정은 정호가 겁이 많아서 새로운 일을 시도하는 것을 꺼리고 친구들과도 잘 어울리지 못한다는 것이다. "우리 정호가 학교 가서 잘 적응할 수 있을지 걱정이에요."

해 보지 않은 일을 처음부터 잘하는 사람이 몇이나 있을까? 넘어져서 다칠까 봐 달리는 것을 못하게 막아서 아이는 있는 힘껏 뛰어 본 적이 없다. 떨어져서 다칠까 봐 올라가 본 적이 없어서 철봉에 매달렸다 뛰어내리는 것이 무섭다. 또래들 사이에서 혹시라도 서운할까 봐 부모가 외로울 틈을 주지 않아서 낯선 아이들과 어울리거나 다툰 아이들과 화해하고 다시 노는 법을 모른다. 일단 넘어져 봐야 일어나는 방법이나 넘어지지 않는 방법을 배울 수 있는데, 부모는 아이가 '넘어지는 것'을 피하게 하려고만 한다. 부모의 역할은 아이가 '넘어지지 못하도록' 막아 주는 것이 아니다. 달리다가 넘어지는 일은 충분히 있을 수 있는, 예상이 가능한 일이다. 넘어지고 나서 어떻게 대처할지, 넘어지지 않기 위해 스스로 무엇을 할 것인지를 배울 수 있도록 하고, 넘어져서 아파하는 아이의 아픔을 달래 주는 것이면 충분하다. 아무리 안쓰럽고 걱정이 되더라도 아이의 인생을 대신 살아 줄 수는 없다. 아이가 자신의 인생을 스스로 자기답게 잘 살아내도록 도와주는 것이 부모의 역할이다.

어린 아동은 자신이 즐겁게 가지고 놀던 장난감을 치우거나, 술래잡기를 하던 아빠가 아무리 찾아도 나오지 않으면 운다. 자신이 좋아하고 소중히 여기던 대상이 사라졌으니 슬픔과 두려움을 느끼는 것은 너무 당연하다. 어린 아동이라도 사랑하는 소중한 대상이 사라지면 슬퍼하고 고통스러워하는 정서적 반응을 보일 수 있다. 상실에 대한 반응으로 슬픔으로 느끼는 것은 지극히 자연스러운 일이다. 그러나 많은 부모들은 자녀가 어려움을 겪는 것을 두고 보지 못한다. 부모 자신이 이미 경험해 본 일이라 얼마나 속상할지, 괴롭고 슬플지, 창피하고 고통스러울지 잘 안다고 생각하기 때문에 아이들이 겪기도 전에 부모가 먼저 그 경험들을 차단하려 한다. 또는 부모 역할이란 자녀를 늘 행복하게 해 주는 것이라고 생각해서 자녀가 상실로 인해 조금이라도 슬프거나 괴로운 감정을 느낄 때 자녀가 다시 행복해지도록 모든 노력을 쏟는다. 하지만 부모가 아무리 막아 주고 피하게 하려 해도 아이들은 상실을 경험할 수밖에 없고, 상실에 뒤따르는 여러 가지 감정을 느낄 수밖에 없다.

성인들은 종종 아동 · 청소년들이 경험하는 애도, 슬픔에 대해 잘못 해석하는 경우가 있다. 왜냐하면 어른의 시각으로 아동 · 청소년의 비언어적 행동들이 뜻하는 것을 짐작하기 때문이다. 하지만 아동 · 청소년의 애도는 성인이 경험하는 것과는 차이가 있다.

성인은 자기 삶에서 다양한 경험을 해 왔고 이런 경험들을 통해서 상실을 다룰 수 있는 대처 방식들을 개발해 왔다. 또한 성인의 뇌는 충분히 발달해서 추상적 추론이 가능하다. 반면, 아동·청소년은 신체적·인지적·정서적 발달이 아직 완성된 상태가 아니다. 다양한 경험이 부족하고 뇌 발달이 아직 충분히 이루어지지 않았기 때문에 중요한 상실 경험들을 다루는 것이 어려울 수 있다.

우리의 생각, 행동, 정서 조절, 사회적 기술 등의 성숙은 뇌 발달과 더불어 이루어진다. 아동·청소년의 경우 뇌가 아직 발달하고 있는 중이므로 시간이 지남에 따라 상실과 죽음에 대한 인식이 진화하게 된다. 또한 아동·청소년은 뇌가 발달함에 따라 상실과 죽음에 대한 대처능력도 배우게 된다. 인간의 뇌는 20대 중반에 완전히 발달한다고 알려져 있다. 뇌가 충분히 발달한 후에 비로소 우리는 추상적 사고를 통해 인생에 대해 보다 정교하게 평가를 할 수 있게 되고, 그래야 죽음과 상실을 이해할 수 있게 된다.

아동·청소년의 상실 경험과 애도를 다룰 때는 그들의 성장에 따른 발달 과업과 각 단계들로 전환하는 시기에 일어나는 갈등들과의 상호작용을 고려해야 한다. 일반적인 발달 과업에 상실과 애도의 문제가 중첩되는 경우 아동·청소년이 겪는 어려움은 배가될 수 있다. 다시 말하면, 애도 과정에 있는 아동·청소년은 당

면한 정상적 발달 요구들에서 또래에 비해 뒤처지거나 상실의 슬
픔에 계속 빠져 있는 위험에 처할 수 있다.

'애도의 이중 과정 모델dual process model of bereavement'은 아동·청소년
이 애도 과정에서 두 방향, 즉 상실지향loss orientation과 회복지향restoration
orientation 사이를 오가면서 두 가지 작업을 하고 있다고 설명한다. 상
실지향은 상실 경험의 다양한 측면을 다루고 처리하고, 회복지향
은 일상의 여러 가지 활동에 참여하려고 노력하면서 상실에 의해
야기된 변화된 요구들에 적응하는 과정을 말한다Stroebe & Schut, 1999.
두 가지 과정이 균형감 있게 다루어질 때 아동·청소년은 자신의
건강한 성장에 필요한 발달 과업들을 달성해 가면서 인생에서 일
어난 중요한 상실의 사건을 상처로 남겨 두지 않을 수 있다.

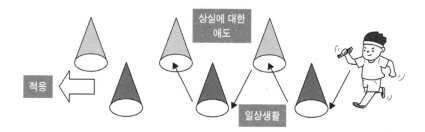

아동·청소년의 상실과 애도를 이해하고 돕기 위해서는 ① 아동·청소년의 인지, 정서, 행동 발달이 아직 과정 중에 있다는 점과 ② 애도 과정과 더불어 그들의 정상적인 발달 과업을 이루어가야 함을 기억해야 한다.

## 애착과 애도

그동안 재연이의 양육은 주로 어머니가 전담했으나 부모가 이혼을 하면서 9개월 된 둘째 아이는 어머니가 데려가고 네 살인 재연이는 아버지가 맡게 되었다. 가사와 직장일, 양육이 힘에 부친 아버지의 부탁으로 할머니가 재연이네 집에 오신 지 이제 한 달이 지나는 중이다. 할머니가 결혼을 반대해서 아들과 사이가 좋지 않았기 때문에 재연이는 자라는 동안 할머니를 만난 적이 거의 없었다. 재연이는 그동안 일하느라 바빠 자신과 시간을 보낸 적이 없는 아버지와 갑자기 나타난 할머니가 자신을 돌봐주는 것이 이상하고 불편하다. 할머니나 아버지는 재연이가 좋아하는 반찬이나 간식이 뭔지 잘 모르고, 머리를 예쁘게 땋거나 묶어주지도 못한다. 책도 재미있게 읽어 주지 않고 놀아 주지 않으면서 자꾸 텔레비전만 틀어 준다. 재연이는 어머니와 동생이 없는 집이 낯설고 무섭다. '엄마와 동생은 어딜 간 것일까? 왜 나만 두고 갔을까? 엄마와 동생은 언제 오는 걸까?' 하지만 아무도 재연이에게 무슨 일이 일어났는지, 앞으로 어떻게 될 것인지에 대해 말해 주는 사람이 없다. 재연이는 어린이집에 가는 것을 거부하고 짜증을 많이 내고 크게 울기도 하며 불안해하는 모습을 보이고 있다. 그러나 아버지도 어머니에 대한 배신감과 분노 때문에 항우울제를 먹으며 버티느라 재연이의 괴로움을 이해하고 달래 주기 어려웠다. 아버지는 '이럴 때 일수록 처지지 말고 일을 열심히 해야 한다.'며 이전보다 더 많은 일을 맡아 하면서 자신과 재연이가 겪는 고통과 슬픔을 피하려고만 한다.

볼비는 제2차 세계대전 후 어머니로부터 분리된 유아들의 연구를 통해 애착이론을 고안했다. 그에 따르면, 애착의 발달은 전 생애에 걸쳐 일어나는 유대bond의 형성, 애착의 유지, 애착의 중단을 포함하는 과정이다. 아기의 애착 행동은 '생존을 위해' 애정의 유대를 유지하는 것과 관련이 있다. 다시 말해서, 애착 행동은 생존 확률을 높이기 위해 애착의 대상을 자신의 곁에 붙잡아두는 행동이다. 그러므로 애착의 대상과 멀어지는 데에 따르는 분리불안separation anxiety은 애착 관계가 형성된 아기의 적응을 위한 정상적인 행동인 것이다. 분리불안은 애착 대상으로부터 단절될 것이라는 예상 또는 실제적인 단절에 대한 두려움이다. 애착 대상에게 접근할 수 없거나 애착 대상이 정서적으로 반응하지 않거나emotional unavailability 또는 거부나 유기abandonment의 신호가 있을 때 분리불안이 나타난다.

상실은 정서적 애착 대상이 사라진 상태이다. 애착 대상을 상실한다는 것은 그 사람과의 관계에서 형성되어 왔던 유대가 무너졌다는 의미이다. 재연이의 '엄마가 갑자기 사라졌다. 더 이상 나에게 오지 않는다.'는 경험은 분리불안을 가져왔다. 그러므로 재연이는 엄마와 다시 연결되기 위해 울고, 떼쓰고, 매달리고, 분노하며 고통을 경험한다. 하지만 엄마는 오지 않는다. 그러므로 아직은 내 곁에 있지만 엄마처럼 또 떠날지 모르는 아빠에게 집착하게 되고 집을 떠나는 것이 어려워진 것이다. 이와 같은 행동들을 통해 얻고자 하는 것<sub>유대 또는 연결의 회복, 즉 안전감</sub>을 얻지 못하는 일이 반복되면 애착 행동의 빈도는 점차 줄어들지만 완전히 사라지지는 않는다. 사실 안정적인 애착을 형성한 유아는 재연이처럼 강렬한 애착 행동을 빈번하게 보이지 않는다. 왜냐하면 그럴 필요가 없기 때문이다. 애착 행동은 애착, 유대가 단절되었다고 느낄 때 애착 대상과 다시 연결되기 위해 하게 된다. 재연이를 돌보고 있는 아버지나 할머니는 재연이의 '행동'이 가진 의미를 이해하지 못하고 있는데, 아이의 행동에 적절하게 반응해 주지 못하면 울고, 떼쓰고, 짜증내고, 화내는 애착 행동이 일상에서도 습관이 될 수 있다. 재연이의 울음과 짜증, 분노는 그 행동들이 간절히 추구하는 애착, 유대감, 안전감을 성인 보호자와의 관계에서 경험했을 때 사라지게 될 것이다.

애도는 상실을 경험한 이후, 상실을 다루기 위해 행해지는 정신

적인 작업이다. 애도를 할 수 있으려면 우선 아동이 애착 대상에

대한 일관적인 정신적 표상을 가지고 있고 대상항상성object consistency

을 획득해야만 한다. 출근하는 엄마 손에 이끌려 어린이집에 맡

겨진 24개월 유아를 상상해 보자. 엄마가 없는 낮 동안에 선생님,

친구들과 잘 놀고, 잘 먹고, 낮잠까지 잘 자고 일어났는데 갑자기

엄마가 없다는 사실을 깨닫고 엄마가 보고 싶어진다. 만약 이 유아가 자신이 생각해 낼 수 있는 엄마에 대한 긍정적인 내적 이미지를 가지고 있다면, 지금 곁에 없는 엄마에 대한 갈망을 느끼면서도 어린이집에서의 활동에 계속 참여할 수 있다. 이때 유아가 가지고 있는 내적 심상을 정서적 대상항상성이라고 한다. 대상항상성을 획득하기 위해서는 인지적으로는 대상영속성, 즉 사물이 보이지 않더라도 계속 존재한다는 인식이 발달되어야 한다. 또한 사회심리적으로는 신뢰감, 즉 '엄마는 내가 필요로 할 때 와 줄 것'이라는 믿음이 형성되어야 한다. 다시 말해서, 애착 대상이 눈에 보이지 않아도 항상 존재하며, 지금은 보이지 않더라도 다시 나에게 올 것이라는 믿음이 있을 때에 비로소 상실에 대한 애도가 가능해지는 것이다. 그러므로 지나치게 어린 아동의 경우 애착 대상의 상실은 일시적인 심상으로 경험될 수 있으므로 진정한 의미에서의 애도 작업은 이루어지지 않는다고 볼 수 있다. 대상에 대한 애착을 형성할 수 있어야만 애도를 할 수 있는 능력이 생기는 것이다.

상실은 인지적 · 정서적 · 행동적 측면에 영향을 미치는 스트레스 사건이다. 그러므로 아동 · 청소년의 상실과 애도를 이해하기 위해서는 상실에 반응해서 나타나는 아동 · 청소년의 인지적 · 정서적 · 행동적 특징들을 살펴볼 필요가 있다.

# { 상실에 대한 아동 · 청소년의 인지적 반응 }

피아제Jean Piaget는 개인이 주어진 환경에 효과적으로 적응할 수 있는 능력을 지적 능력이라고 보았다. 인지 발달은 생득적 요인인 성숙maturation과 환경적 요인이 작용하여 이루어진다. 환경적 요인에는 사물을 대상으로 하는 지적 활동인 물리적 경험과 사람들과의 상호작용인 사회적 경험이 포함된다. 모든 사람은 일련의 인지 발달 단계를 지나며, 각 단계마다 정보의 양적 증가뿐 아니라 지식과 이해의 질적 변화도 일어난다. 피아제가 제안한 연령에 따른 인지 발달 단계와 단계별 특징은 다음과 같다.

○
아동의
인지 발달 단계

| 단계(연령) | 특징 |
|---|---|
| 감각운동기<br>(출생~2세) | • 감각과 운동을 통해 인지 구조가 발달한다.<br>• 단순한 반사 행동에서 목적을 가진 의도적 행동으로 발전한다.<br>• 대상영속성 개념을 습득한다. |
| 전조작기<br>(2~7세) | • 언어, 상징과 같은 표상적 사고능력이 발달한다.<br>　→ 상상력이 발달하고 '마술적 사고'를 한다. 생각을 통해 세상을 통제할 수 있는 힘을 가진다고 믿는다.<br>• 자기중심적인 언어와 사고로 인해 타인의 관점을 이해하기 어렵다.<br>• 직관적 사고와 전인과성 사고를 한다.<br>　→ 정확한 인과 관계의 파악이 어렵다. |

| 구체적 조작기<br>(7~11세) | • 자기중심적 사고가 감소한다.<br>• 구체적인 경험을 중심으로 한 논리적 사고가 발달한다.<br>• 보존 개념을 획득한다.<br>• 유목화와 서열화가 가능하다.<br>→ 직관적 사고에서 벗어나서 추론하는 능력이 생긴다. |
| 형식적 조작기<br>(11세 이상) | • 추상적 상황에 대해 논리적인 사고가 가능하다.<br>• 형식적 · 문제해결적 · 연역적 사고가 가능하다. |

만 2세 전의 유아는 실제 눈앞에 물건이 있을 때 그것을 손으로 잡아당기고 입으로 빤다. 즉, 감각운동적 기능을 통해서 지적 활동이 일어나는 것이다. 반면, 2세 이후에는 특정 물건이 눈앞에 없더라도 그것에 대해 이미 형성된 내적 표상을 통해 지적 활동을 할 수 있다. 5세 이후에는 개념적 인지 구조를 갖게 되고 11세부터는 추상적 · 논리적 추론이 가능해진다. 하지만 같은 연령이라고 해서 모든 아동 · 청소년의 인지 발달 수준이 동일하다고 볼 수는 없다. 그러나 발달은 단계적으로 이루어지므로 보편적인 인지 발달 과정을 이해하는 것이 중요하다. 왜냐하면 아동 · 청소년이 죽음을 비롯한 상실을 무엇으로 이해하고 있는지는 그들의 인지 발달 수준에 따라 다르기 때문이다.

감각운동 단계에 있는 2세 유아는 가까이 있던 친근한 대상이 사라지면 그리워하지만 일시적인 부재와 영원한 죽음과의 차이를 인식하지 못한다. 2~6세의 유아는 죽음에 대해 말로 표현할 수 있고, 죽음이나 상실이 실제로 일어나는 사건이라는 것을 알수 있지만 죽음의 비가역성, 즉 한번 죽으면 다시 살아나지 못한다는 사실을 이해하지 못한다. 그러므로 돌아가신 할머니를 왜다시 볼 수 없는지, 이혼한 부모가 왜 다 같이 살지 못하는지 이해하지 못한다. 또한 자기중심적 사고로 인해 가까운 관계에서발생한 죽음이나 상실의 사건을 자신이 변화시킬 수 있었다고 믿으므로 슬픔, 불안, 분노, 죄책감 등의 감정을 갖기 쉽다. 구체적조작 단계의 아동은 죽음에 대해 보다 정확한 관점으로 사고하기시작한다. 죽음은 되돌릴 수 없는 것임을 이해할 수 있고, 상실에대해 슬픔, 불안, 위축, 혼란, 두려움 등으로 느끼고 걱정을 한다. 새롭게 획득한 추론능력으로 인해, 상실을 경험한 아동은 미래의상황에 대해서도 '만약에'라는 가정을 하며 걱정할 수 있다. '새학교의 아이들이 나를 싫어하면 어쩌지?' '엄마가 쓰러졌을 때 내가 곁에 없으면 어떻게 하지?'와 같은 걱정과 불안으로 집중에 어려움을 느껴서 학습에 문제가 생길 수 있다. 11세 이후 형식적 조작기의 아동·청소년은 정신적·개념적 차원에서 죽음과 상실을보다 온전히 이해할 수 있다.

마리아 나지<sub>Maria Nagy</sub>는 3~10세의 아동 378명을 대상으로 한 연구를 통해 연령에 따라 죽음에 대해 생각하는 방식이 차이가 있음을 보여 주었다. 아동들이 가지고 있는 죽음에 대한 생각과 느낌을 분석한 결과, 3~5세의 아동들은 죽음을 자는 것으로 묘사하거나 여행처럼 누군가가 어디로 떠나는 것으로 여길 뿐 대체로 죽음을 수용하지 않았다. 죽음을 재미없고 지루하다고 여기지만, 어디로 가서 무엇을 하는 것인지에 대한 호기심을 갖는다. 이 연령의 아동들은 죽음으로 인해 사랑하는 사람과 분리되는 것을 고통스럽게 여긴다. 5~9세의 아동들은 죽음을 해골이나 사신 같은 형태로 의인화하는 특징을 보이는데, 이 연령의 아동들은 죽음을 현실로 받아들이지만 누구나 죽을 수 있다는 죽음의 보편성을 받아들이기는 어렵다. 죽음의 신에게 잡히지 않고 피한다면 죽지 않는다고 생각한다. 한편, 9~10세의 아동들은 죽음이 개인적·보편적·최종적이라는 점을 이해하고, 내세의 개념도 갖는 것으로 나타났다<sub></sub>Freeman, 2019.

상담에서 만났던 9세 승민이가 생각하는 죽음은 나지의 연구에 참여한 9~10세 아동들의 반응과 유사했다. 반면, 지적 발달 수준이 또래에 비해 저조했던 11세 명호의 반응은 나지 연구의 5~9세 아동들의 반응과 유사했다.

승민(9세): 죽음은 인생의 갈림길 같아요. 죽은 다음에는 천국과 지옥으로 나뉘어요. 어떤 사람은 천국에 가고 어떤 사람은 지옥에 가니까 갈림길이 있는 거죠. 죽는다는 거는 세상을 떠나는 거

예요. '이제 다 살았다!' 그런 거. 자기는 충분히 느끼지 못해
도 신체기관이 멈추니까 알 수 있어요.

명호(11세): 모래로 묻는 거예요. 여기 흙 밑에 묻어 버렸어요. 이렇게 묻
혀 있는 게 죽는 거예요.


이처럼 죽음의 개념을 이해하는 정도는 아동의 인지능력 발달
에 따라 달라진다. 인지능력이 발달할수록 아동은 죽음의 개념에
대해 더 완전히 이해할 수 있게 된다. 그러나 같은 연령대의 아동
이라도 개인의 인지 발달 수준에는 차이가 있으므로 모든 아동이
죽음에 대해 동일한 이해를 하는 것으로 전제하는 것은 바람직하
지 않다. 여러 연구는 아동들이 만 12세 정도가 되면 살아있는 모
든 것은 언젠가 죽음을 맞이한다는 죽음의 보편성, 그리고 한 번
죽으면 다시 삶으로 돌아갈 수는 없다는 죽음의 비가역성을 이해
할 수 있다고 말한다. 그러나 아동의 인지 발달은 시간의 흐름에
따른 성숙뿐 아니라 대인관계를 포함하는 환경과의 상호작용 경
험에 의해 영향으로 받는다. 그러므로 가까운 가족의 죽음을 경
험했거나 텔레비전이나 영화 등과 같은 매체의 영향으로 더 이른
나이에 죽음에 대해 자각하게 되기도 하고, 죽음이 무엇인지에
대해 자기 나름의 개념을 형성하기도 한다.

아동 · 청소년의 인터넷 · 스마트폰 등의 활용이 상당히 증가한

오늘날에는 아이들이 많은 정보를 무비판적인 태도로 접하게 되는 상황에 대한 특별한 경계가 필요하다. 매우 어린 연령의 영유아도 부모의 보호나 제한 없이 좀비나 귀신에 관한 이야기들과 죽고 죽이는 게임들에 노출되는 경우가 많으므로 유의해야 한다. 아동이 죽음에 대해 언제, 무엇을 알아야하는지, 즉 죽음을 비롯한 상실에 대한 정보들의 내용뿐 아니라 그러한 정보가 주어지는 방식은 매우 중요하다. 그러므로 아동·청소년이 죽음이나 이혼에 대해 무엇을 어떻게 알고 있으며, 누구를 통해 알게 되었는지를 파악해야 한다. 아동 개인의 인지적 발달 수준에는 차이가 있으므로 상실을 이해하고 대처하는 능력에 대해서 정확히 알아야 개인의 필요에 맞는 적절한 도움을 줄 수 있다.

인지적 발달 수준

## 상실에 대한 아동 · 청소년의 정서적 반응

　고등학교 1학년인 상우가 가족에게 매우 폭력적이었던 아버지의 자살에 대해 이야기를 꺼낸 것은 우리가 만난 지 한참 지나서였다. 상우의 아버지는 특히 술에 취하면 어머니와 형을 심하게 때리고 흉기를 사용하기까지 했는데, 그럴 때마다 상우는 방에 숨어 무서움에 떨며 빨리 아버지가 지쳐 잠들기를 바랐다. 상우와 형이 어릴 때, 말이 없고 무뚝뚝하기는 했어도 아버지는 상우 형제를 데리고 야구장에 가거나, 같이 축구도 하고, 계곡에 가서 놀아 주기도 했었는데, 언제부터인지 술이 늘고 폭력이 시작되었다. 아버지의 폭력은 날이 갈수록 심해져서 어느 날 참다못한 형이 경찰에 신고를 했고, 형에게 배신감을 느낀 아버지는 더욱 가족에게 난폭해졌다. 아버지 때문에 집안 분위기는 항상 살얼음판 같았다. 어머니와 형이 막아 줘서 상우가 직접 아버지에게 맞은 적은 거의 없었지만, 상우는 가족을 때리는 아버지가 증오스럽고, 그런 아버지에게 무력하게 맞고 있는 어머니나 힘으로는 아버지를 이길 수 있음에도 불구하고 그냥 맞아 주거나 집을 나가 버리는 형을 보는 것이 지겹고 답답했다. 그리고 아무것도 하지 못하는 자기 자신에 대해서도 화가 났다. 그러던 어느 날 가족이 모두 외출한 사이에 아버지가 자살을 했다. 그때 상우는 중학교 2학년이었다. 늘 속으로는 '저런 아버지, 차라리 없었으면 좋겠다.'고 생각했던 상우는 막상 아버지의 죽음 앞에서는 홀가분한 기분뿐 아니라 두려움과 슬픔, 어쩌면 죄책감을 느꼈을 수도 있다. 하지만 아버지의 죽음을 생각할 때 어떤 기분이 드는지 묻는 상담자에게, 상우는 "잘 모르겠어요. 그냥 아무 기분도 안 들어요."라고 대답했다.

아동·청소년의 경우 자신의 감정을 정확히 인식하고 표현하는 것이 어려울 수 있다. 특히 상실과 관련해서는 강렬하고도 혼란스러운, 상충하거나 양가적인 감정들에 사로잡히는 기분을 느끼기 쉬우므로 감정에 이름을 붙이고 표현하는 것은 성인에게도 쉽지 않은 일이다. 청소년은 자신은 상실로부터 아무런 영향을 받지 않았다는 듯이 무심해 보이는 태도를 보이는 경우가 많다. 이렇게 함으로써 상실 이후 갑자기 일어나는 복잡한 감정들에 압도당하는 것을 막을 수 있다. 또 다른 경우, 상실을 경험한 아동·청소년이 '나는 괜찮다.'는 듯 지나치게 어른스럽고 적응적인 행동을 보이기도 한다. 이것은 부모나 환경으로부터 받은 사회적인 기대로 인해 아동·청소년이 상실로 인한 슬픔과 괴로움, 분노나 좌절감들을 충분히 느끼는 대신 자신의 감정을 억압했기 때문이다.

　상실을 경험한 아동·청소년이 느끼는 감정은 성인의 감정과
크게 다르지 않다. 잃어버린 소중한 것을 그리워하며 슬퍼하는
애도의 시기는 누구나 겪게 된다. 상실의 종류에 따라 감정의 정
도와 지속 기간은 차이가 날 수 있다. 그렇지만 자신의 생활에서
사랑하는 사람의 죽음을 포함하여 중요한 관계나 소중한 물건,
꿈과 희망이나 가치, 또는 안정적인 일상생활의 상실을 경험하는
아동·청소년은 누구나 슬픔뿐 아니라 혼란스러움, 불안, 우울,
외로움, 좌절감, 분노 등의 감정을 느끼게 된다. 또한 경우에 따
라서는 상실과 관련해서 책임감이나 죄책감을 느끼기도 한다. 아
동기·청소년기의 특징 중 하나인 자기중심적 사고는 발달상 자

연스러우며 건강한 자아개념의 근원이 되기도 한다. 하지만 상실을 경험한 아이가 자신의 생각 때문에 소중한 대상이 죽었다거나, 자기가 말을 안 들었기 때문에 부모가 이혼을 했다고 믿는 등 비합리적인 죄책감을 느끼게 하는 원인이 될 수 있다. 아동·청소년이 건강한 애도 과정을 경험할 수 있도록 돕기 위해서는 그들이 느끼는 두려움/불안과 화/분노, 수치심/죄책감 등의 감정을 이해할 필요가 있다.

### 두려움과 불안

영유아는 어둠이나 좀비, 귀신 등을 두려워하는 경우가 많다. 무섭다면서 혼자 화장실을 가거나 잠을 자는 것을 거부하기도 한다. 두려움은 위험을 인식했을 때 느껴지는 불쾌한 감정이다. 우리가 위험으로 인식한 것이 진짜거나 아니거나<sub>상상 또는 착각</sub>는 상관이 없다. 위험하다고 인식하면 우리는 두려움을 느낀다. 두려움은 기본적인 일차정서이고 불안은 두려움의 한 증상이다. 불안은 뚜렷한 자극이 없는 두려움, 불확실한 것에 대한 걱정이다. 두려움을 느낄 때는 땀을 흘리거나, 몸이 떨리기도 하고, 심장이 빠르게 뛰는 생리적인 변화가 일어난다.

불쾌하게 느껴지기는 하지만 불안은 우리가 스스로를 위험으로부터 안전하게 보호하도록 하는, 우리의 생존에 도움이 되는 감정이다. 두려움을 느낄 때 우리는 하던 일을 멈추고 현재 상황에 주의를 기울이며 무엇이 잘못되었는지를 살핀다. 이러한 반응은 생존을 위한 기제로서 선천적으로 가지고 태어나는 것이다. 우리는 내면으로부터의 경고를 통해 예상하지 못한 상황에 대해 즉각적인 반응 행동을 취한다. 예를 들어, 뱀을 보면 펄쩍 뛰거나 가파른 바위에 오를 때 몸을 납작하게 바위에 붙인다. 모두 위험으로부터 스스로를 보호하려는 즉각적인 행동이다.

어린 아동이 심리적으로 취약한 상황에 있을 때는 현실과 환상을 구분하지 못할 수도 있다. 이때 아동이 보이는 불안은 성인의 눈에는 비논리적으로 보이기 때문에 부모나 보호자들은 흔히 "저

으아악~
뱀이다~!!

생존 확률이
높아짐

것은 진짜가 아니야. 하나도 무섭지 않아."라고 하거나, "무서우면 다른 생각을 해."라고 조언을 한다. 사실 감정은 논리적이지 않다. 하지만 아동의 감정은 그들이 삶 속에서 경험한 것들과 외상trauma에 근거를 두고 있기 때문에 아동들에게는 '말이 되는' 실제이다. 그러므로 아동이 호소하는 불안과 두려움이 성인의 관점에서 비논리적으로 보이더라도 아동에게는 생생한 현실이라는 점을 기억해야 한다. 그렇기 때문에 아동의 두려움을 무시하지 않고 공감적으로 인정하고 지지해 주는 것이 매우 중요하다. 과거의 경험과 유사한 새로운 외상은 두려움과 불안을 불러일으키기 쉽다. 하지만 부모나 보호자가 원인을 알지 못해서 간과하게 되는 경우도 있다. 이럴 때 아동의 행동을 잘 관찰하면 부모의 개입이나 치료적 도움이 필요한지 알 수 있다.

상실을 경험한 아동·청소년은 중요한 애착 대상의 상실로 인해 자신이 더 이상 안전하지 않다는 느낌, 죽음에 대한 강한 공포, 삶이란 언젠가는 끝날 것이라는 유한함에 대한 인식, 그리고 자신을 돌봐줄 사람이 없다는 두려움 등으로 불안을 느낀다. 특히 사랑하는 사람의 죽음이나 부모의 이혼 등으로 자신이 의존했던 애착 대상이 사라진 경우라면 아동은 스스로를 돌보지 못할 것이라는 두려움이 매우 크다. 인지적·정서적·행동적 차원에서 발달 과정 중에 있는 아동이 상실이라는 심리적 외상을 다루기 위해서는 성인의 도움이 필요하다. 외상 경험이 반복되어 일어날 때 누군가가 그 위협을 약화시키고 물리적·심리적으로 안전한 공간을 제공하는 것은 중요하다. 상실과 관련된 불안이나 두려움을 다루지 않는다면 아동은 과민하고 과도하게 각성되거나 과잉행동적인 모습을 보일 수 있다.

애도 반응을 경험하는 아동이 느끼는 두려움이나 불안이 과도한 에너지, 주의집중의 어려움, 긴장과 합쳐지면 매우 활동적인 행동으로 나타날 수 있다. 이러한 행동은 주의력결핍 과잉행동장애Attention Deficit Hyperactivity Disorder: ADHD 증상과 유사하다. ADHD와 복합성 애도 증상들 중에 중첩되는 것들이 있다거나 외상후 스트레스 장애Post-Traumatic Stress Disorder, PTSD를 ADHD로 잘못 진단하는 경향이 있다고 지적하는 견해도 있다Fogarty, 2000. 그러므로 보다 정확한 진단을 위해서 ADHD 증상과 유사한 아동·청소년의 소란스러운 행동commotion이 복합성 애도 반응과 관련이 있는지를 결정하기 위해서는 아동·청소년이 발달 과정에서 경험한 상실들에 대해 자세히 살펴볼 필요가 있다.

상실이라는 외상 경험과 관련하여 아동·청소년이 불안과 두려움을 다룰 수 있으려면 도움이 필요하다. 만약 아동의 불안과 두려움이 다루어지지 않은 채 남아 있다면, 성장과 인지 발달이 이루어짐에 따라 자신의 취약성vulnerability에 대한 두려움은 커지고 호기심이나 탐구심은 줄어들게 된다. '왜 엄마가 떠났을까?' '아빠는 왜 나를 보호해 주지 않았지?' '우리 부모님은 왜 나를 버렸을까?' 아동은 과거 경험한 상실에 대해 끊임없이 생각한다. 두려움과 불안을 다루지 않는다면 아동의 시간은 상실한 시점에 머물러서 앞으로 나가지 못한다. 주변에 대한 관심과 흥미가 사라지고, 사랑하는 사람이 사라져서 혼자 남겨지는 것에 대한 두려움에 사로잡힌다. 결국 아동은 인생에서 또다시 다른 사람을 신뢰하고 사랑하는 능력을 잃어버리게 된다. 어떤 관계가 영원할 것이라고 믿을 수 없다면 누군가와 '가까운 관계'가 되는 것은 매우 두려운 일일 것이다. 그러므로 상실을 경험한 아동·청소년은 자신이 거절당하기 전에 미리 다른 사람들을 거부하는 식으로 관계에서 통제적이 된다. 누군가를 다시 사랑하고 사랑받기 위해서는 용기와 더불어 안전한 자기감sense of self이 필요하다.

불안과 두려움은 아동·청소년으로 하여금 '이런 일은 또 일어날 수 있다.' '내가 잘못해서/나빠서 그런 일이 일어났다.'는 잘못된 믿음을 갖게 할 수 있다. 사람은 누구나 성장하면서 거절이나 거부당하는 경험을 할 수 있는데, 이것은 유기불안, 즉 버림받는 것에 대한 두려움을 자극할 수 있다. 상실과 관련된 두려움이나 불안이 제대로 다루어지지 않는다면 아동은 '나는 완벽해야만 한다. 그렇지 않으면 버려질 수 있다. 한 번 버려지면 또 다시 버려질 수 있다.'는 비논리적인 신념이 생길 수 있다. 이것은 아동 · 청소년이 성장하면서 성격의 한 특성으로 자리 잡을 수 있게 되므로 주의가 필요하다.

### 화와 분노

화가 난 상태는 감정의 강렬한 정도에 따라서 짜증, 신경질, 분함, 화, 격노 등 다양하게 표현된다. 화가 났을 때 신체에서는 심장 박동이 빨라지고 혈압이 높아지고 아드레날린이 증가한다. 우리는 '신경 건드리는' 일을 당하거나 위협을 받거나 취약해졌을 때 분노를 느낀다. 누군가 또는 무엇인가가 우리가 가진 삶에 대한 통제권을 빼앗아간 것 같기 때문이다. 화가 났을 때는 논리적으로 생각하는 것이 어렵다. 그저 답답하고 숨 막히는 기분을 해결하기 위해 무엇인가를 해야만 할 것 같다고 느낀다.

상실을 경험한 아동 · 청소년이 애도 과정에서 느끼는 분노는 정상적인 정서 반응이다. 사랑하는 사람, 소중한 대상이 사라졌고 주변에는 그 상실을 계속 떠오르게 하는 것들이 있는데, 이런 현실에 적응하도록 강요당하는 것에 화가 난다. 상실을 겪은 아동의 화나 분노 감정이 말을 할 수 있다면, 아마 "나를 혼자 두고 가지 마!"라고 외칠 것이다. 아주 어린아이가 주말에 사람이 많고 복잡한 마트에서 꼭 잡고 있던 아빠 손을 놓쳐서 갑자기 아빠와 헤어졌다고 상상해 보자. 아빠와 헤어졌던 잠깐의 시간 동안 유기 불안과 공포를 느꼈던 아이는 아빠를 다시 만났을 때 아마 울면서 화를 내거나 분노를 행동으로 표현했을 것이다. 사랑하는 사람의 죽음이나 부모의 이혼에 대해 아동·청소년이 분노를 느끼는 것은 지극히 정상적인 반응이다. 그러나 통제되지 않은 분노는 공격성으로 표출되기도 한다. 아동의 공격성은 자기 자신이나 다른 사람을 향하기도 하지만, 어떤 경우에는 아동이 관계나 환경으로부터 멀어져서 고립되게 만든다.

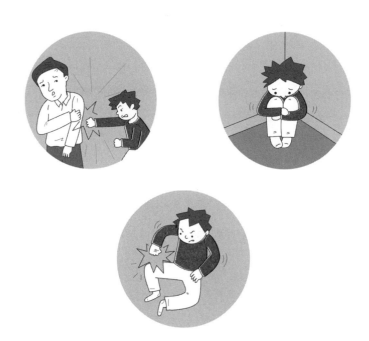

분노가 문제가 되는 경우는 아동·청소년이 수동-공격적passive-aggressive인 태도로 분노를 표출할 때이다. 분노나 적대감을 직접 드러내는 대신 겉으로 드러나지 않는, 즉 간접적이고 소극적인 방식으로 표출하면서 상대방을 곤란하게 만드는 것이 바로 수동-공격적인 태도이다. 우리가 느끼는 감정은 우리의 욕구와 관련이 있다. 욕구가 충족되면 즐겁고 만족스러운 기분이 들고, 욕구가 충족되지 않고 억압되면 불쾌하고 화가 나기도 한다. 수동-공격적인 태도는 자신의 욕구와 감정을 제대로 인식하거나 인정하지 못한 채로 상대방을 불편하게 만들기 때문에 관계는 멀어지게 된다. 영어에 '버튼 누르기pushing someone's button'이라는 표현이 있는데, 이것은 상대방이 싫어하는 행동이 무엇인지 알고 그것을 자극해서 그 사람을 화나게 하거나 짜증나게 하는 것을 말한다. 갈등이나 문제를 직접 해결하고 감정을 해소하는 대신에 그저 상대방을 짜증나고 화나게 하려는 목적으로 행동한다. 대부분의 아동은 어떻게 해야 부모의 '버튼을 누를 수 있는지'를 잘 안다. 버튼 누르기는 아동의 인지가 발달함에 따라 자연스럽게 나타나는 행동이지만, 애도 반응으로서의 화와 분노를 제대로 다루지 못하고 이 상태에 머물러 있는 아동·청소년은 버튼 누르기를 '복수하기 위해서' 사용한다.

우리가 살면서 배운 것 중 하나는 '무엇인가 잘못되면 누군가를 비난하는 것'이다. 귀여운 손주가 넘어지면 할머니들이 아이를 달래며 방바닥을 찰싹 때린다. "우리 애기를 누가 다치게 했어, 엉? 방바닥이 그랬구나, 때찌 하자 때찌, 방바닥 때찌!" 걷다가 넘어진 것은 아이다. 그리고 아이들은 걷다가 넘어질 수 있다. 그것은 잘못된 일이 아니다. 하지만 우리는 무언가 만족스럽지 않은 결과를 가져오는 일이 일어나면 외부에서 원인을 찾고 비난하는 방식이 익숙하다. 상실을 경험한 아동·청소년은 일반적으로 큰 상처와 고통을 느끼는데, 이들은 누군가의 잘못으로 자신이 고통을 받는다고 결론을 내리기 쉽다. 그리고 이런 생각은 아동의 복수하고 싶은 욕구, 즉 나를 힘들게 한 만큼 되갚아 주고 싶다는 마음을 정당화시켜 준다. 하지만 자신이 화가 난 원인이나 대상

을 명확히 인식하지 못하거나 또는 무의식적으로 화가 난 진짜 이유를 인정하지 않으면서 복수를 목적으로 화를 표출하는 것은 궁극적인 해결책이 되지 못한다.

초등학교 6학년인 경호는 부모님이 심하게 싸우고 아버지가 집을 나가 버린 밤을 기억한다. 아버지는 평소에 말이 별로 없고 어머니나 경호에게 그다지 다정한 편은 아니었는데, 술을 마시거나 직장에서 스트레스를 많이 받은 날에는 어머니에게 폭언을 하고 물건을 던지는 등 매우 난폭하게 굴었다. 어머니는 한 번 화가 나면 말이 없어지고 아주 냉정해져서 어머니와 아버지의 다툼 중간에서 경호는 늘 긴장되고 아슬아슬한 기분을 느꼈다. 그날 밤도 아버지가 어머니 때문에 모든 게 엉망이 되었다면서 어머니를 비난하고 무섭게 화를 내더니 짐을 싸서 나가 버렸다. 집을 나간 아버지는 간혹 집에 들르기는 했지만 거의 얼굴을 볼 수 없었고, 결국 두 분은 이혼을 했다. 경호는 부모님의 결혼이 끝났고, 아버지가 떠나 버려서 '가족이 무너졌다'는 사실에 대해 몹시 화가 나있었지만, 자신이 왜 계속 화가 나는지 그 이유는 인식하지 못했다. 그렇지만 경호 마음 깊은 곳에서는 아버지에게는 결코 화를 낼 수 없으리란 것을 알았다. 왜냐하면 아버지는 이미 떠났기 때문이다. 대신에 경호는 항상 자신과 같이 있고 자신을 떠나지 않을 안전한 대상, 즉 어머니에게 화를 표출했다. 경호는 어머니의 "뚜껑을 열리게 하려면" 어떤 버튼을 눌

러야 하는지를 잘 알고 있었다. 경호의 어머니는 늘 다른 사람에게 피해 주지 말고 예의 바르게 행동하라고 강조했다. 어머니는 다른 사람의 평가에 민감했는데, 경호는 어떻게 하면 그것을 건드려서 폭발시킬 수 있는지에 대한 전문가였다. 경호가 학교에서 일으키는 문제행동들, 특히 급우들과 싸우거나 학교의 기물을 훼손하거나 교사에게 버릇없이 굴고 대드는 것은 어머니의 버튼을 누르기에 매우 적합했다. 경호와 어머니의 가족상담 시간에 경호는 삐딱하게 앉아서 상담자의 질문에 거의 반말조로 대답을 하거나 대답하기를 거부했다. 경호가 이런 태도를 보이면 어머니는 경호에게 눈짓을 하고, "예의바르게 굴어라."고 말을 하면서 화를 눌러 참는 것이 역력해 보였다. "집에서는 어떤가요? 경호가 누군가에게 예의바르지 않게 대했다, 누군가에게 피해를 줬다는 생각이 들면 어머니는 어떻게 반응하시나요?" "좋게 말하죠, 그게 왜 안 좋은 행동인지, 사람들이 널 어떻게 보겠냐, 왜 남에게 지적당할 짓을 하냐, 엄마가 속상하다. 이렇게 말을 해도 경호가 잘 안 듣거나 제 말을 무시하듯 핸드폰을 만지작거리고 다른 짓을 하면 화가 나요. 참다가 폭발하는 거죠. 선생님한테 하는 태도 좀 보세요. 다 큰 애가 무례하게 구니까 제가 너무 창피하고 화가 나요." 하지만 예의 없고 무례하다는 것은 상담자의 '버튼'이 아니었으므로 경호와 어머니에게 이렇게 말했다. "경호는 나를 아주 가깝게 느끼나 보다! 네 나이 또래 청소년이 아무 어른에게나 반말을 하지는 않을 텐데……. 나한테 편하게 말을 놓는 것을 보니 내가 너에게 아주 특별대우를 받고 있다는 생각이 드네!" 경호와 어머니는 황당하다는 듯 상담자를 바라보고 피식 웃었다.

자녀에 의해 '버튼'이 눌리면 부모는 곧 폭발하게 된다. 부모는 자신의 취약한 점들, 즉 버튼이 무엇인지를 알아야 한다. 만약 자녀가 나의 버튼을 누르더라도 아이가 예측하는 이전의 방식대로 반응하지 않는 것이 중요하다. 부모의 버튼을 누를 때, 아이들은 부모가 안전한지를 시험하고 있는 것이다. 버튼이 눌렸을 때 부모가 자신의 감정에 사로잡히고 휘둘리는 대신에 스스로 감정과 행동을 통제할 수 있는 모습을 본다면 아이들은 무엇을 느끼게 될까? 부모를 안전한 대상으로 인식하고 자신의 혼란스럽고 고통스러운 감정들을 안심하고 내보이며 진술하게 이야기할 수 있게 된다. 아동·청소년의 버튼 누르기, 다시 말해서 수동-공격적인 분노 표출의 궁극적인 목적은 자신이 얼마나 화가 났는지, 그리고 자신이 처한 상황에서 얼마나 좌절감을 느끼는지를 전달하려는 것이다. 이 점을 기억해야만 아동·청소년이 애도 과정에서 느끼는 화나 분노의 감정을 잘 다루도록 도울 수 있다.

상실을 경험한 아동·청소년은 무력감을 느끼기 쉽다. 이들의 어떤 말이나 행동도 돌아가신 부모를 다시 살려내거나 이혼한 부모를 다시 합치게 하지 못한다. 이들은 자신의 삶에서 중요한 이

슈들에 대해 아무것도 할 수 없다는 무력감을 느낀다. 이런 상태의 아동이 자신이 어떤 말이나 행동을 할 때 부모가 즉각 반응하는 것을 본다. 이것이 바로 부모의 버튼을 누르는 것, 즉 수동-공격적인 행동이다. 부모가 가장 취약하게 느끼는 버튼을 누르면 부모는 즉각 화를 내거나 무력한 모습을 보인다. 아동은 '내가 부모를 이렇게 만들었다!'고 느끼게 되어 이러한 상호작용을 학습하게 된다. 무력했던 아동은 자신이 마치 큰 힘을 가진 것 같은 환상을 품게 된다. 하지만 아동의 수동-공격적인 행동은 결국 주변으로부터 부정적인 피드백을 받게 하고, 소중한 사람들과 맺는 관계를 손상시키게 된다.

분노에 대응하는 가장 위험하고 부적응적인 방법은 분노를 자기 자신을 향해 겨누는 것이다. 사랑하는 사람의 죽음이나 부모의 이혼, 소중한 것을 잃어버린 일이 '나 때문'이라고 죄책감을 느끼면서 분노를 밖으로 드러내지 못하는 경우 분노는 자기 내면을 향하게 된다. 이것이 우울증이다. 우울한 사람은 비관적인 생각과 지속적인 슬픔, 일상생활을 유지하기 위한 에너지의 부족, 낮은 활동성, 절망감, 무가치감, 무망감hopelessness, 재미나 흥미의 상실, 섭식과 수면의 변화 등을 경험한다. 또한 죽음이나 자살에 대한 생각을 하기도 한다. 우울을 다루지 않는다면 아동·청소년은 자신이 잃어버린 것이 무엇인지를 찾고 그것을 회복하려는 내적

탐구를 포기하거나, 앞날에 대한 꿈은 더 이상 실현 불가능하다
고 여겨서 자포자기하게 된다. 이러한 아동·청소년의 우울을 해
결하기 위한 적절한 도움이 주어지지 않는다면 심리적으로 취약
한 상태의 아이들은 점점 더 무력감과 무망감을 느끼고 결국 절
망감에 빠지게 된다. 우울은 아동·청소년으로 하여금 희망을 가
지고 미래를 상상할 수 없게 만들기 때문에 발달에 매우 부적응
적이다.

상실을 경험한 아동·청소년은 몸이 자라고 나이를 먹더라도
정서적인 부분이 상실한 시점에 머물러 있는 경우가 있다. 아이

들이 '앞으로 나간다'는 것은 자아가 성장하고 확장되는 것이다. 그러나 상실로 인한 분노에 사로잡혀 있으면 앞으로 나갈 수 없다. 분노를 품고 있는 것은 누군가에게 던지려는 의도를 가지고 날카로운 칼을 품고 있는 것과 같다. 결국 날카로운 칼날에 베이는 것은 나 자신이다. 만약 아동·청소년이 분노를 품고 있는 대신 자신과 타인의 실패나 실수, 환경을 받아들일 수 있게 된다면 앞으로 나갈 수 있는 방법들을 찾는 데에 에너지를 사용할 수 있을 것이다.

## 수치심과 죄책감

아동은 성장해 가면서 자신의 행동을 다른 사람과의 관계에서 살펴볼 수 있게 된다. 장난감을 마구 던지며 즐거워했던 아동은 이제 자신이 장난감을 던질 때 부모나 주변 사람들의 반응을 살필 수 있다. 풍선이나 부드러운 인형은 던져도 괜찮지만 자동차나 나무 블록을 던지면 부모가 제지한다는 것을 안다. 아동은 자신의 부적절한 행동을 멈추고 다른 사람의 반응에 적응하는 것, 즉 사랑하는 사람의 승인을 다시 획득하는 법을 배운다.

앞에서 살펴보았듯이, 3세 아동의 자기감, 즉 '내가 누구인가'라는 인식은 흑백론적 추론에 기반을 두고 있다. 나의 행동은 좋거나 나쁘고, 나는 '좋은 아이'이거나 '나쁜 아이'인 것이다. 아동은

좋음good과 나쁨bad이 공존할 수 있다는 것을 이해하기 어렵다. 이
시기의 아동에게는 행동의 좋고 나쁨은 곧 사람의 좋고 나쁨으로
인식된다. 즉, 자신의 행동에 대해 다른 사람들이 보이는 반응을

통해 스스로를 좋은 아이, 나쁜 아이로 인식하게 되는 것이다.

수치심shame은 자신의 전 존재에 대해 '잘못되었다'고 스스로 판단하는 부정적인 평가이다. 아동의 행동이 부정적인 반응을 얻으면, 즉 사회적 기준이나 가치를 어겼다는 피드백을 받으면 아동은 수치심을 느끼게 된다. 나쁜 행동의 결과는 사랑하는 사람의 인정을 받지 못하는 것이다. 이렇듯 수치심은 아동에게 원인과 결과를 연관시키도록 가르치면서 사회적 한계를 설정한다. 수치심은 자기중심성egocentric을 특징으로 하는 18개월에서 3세 사이에 생기기 시작한다. 만약 아동이 수치심에 사로잡혀 있다면 '나는 다 나쁘고 너는 다 좋다.' 또는 '나는 다 좋고 너는 다 나쁘나.'라는 식의 경직되고 왜곡된 자기 판단을 하게 되므로 건강한 애도로 나아갈 수 없다.

죄책감 guilt을 처음 느끼는 나이는 3세에서 4세 무렵이다. 죄책감은 수치심으로부터 발달하지만 좀 더 구분이 된다. 죄책감은 자기 존재 전체에 대한 것이 아니라 자신의 어떤 행동에 대한 것이다. 건강한 죄책감은 아동으로 하여금 반성하고, 행동을 바꾸고, 잘못을 보상하고, 관계를 다시 회복하고자 하는 마음을 갖게 한다. 건강한 죄책감은 아동이 덜 비난적이 되고 자신의 행동에 대해 책임을 질 수 있게 한다. 건강한 죄책감은 자기 교정적 self-correction이어서 아동이 자신의 잘못된 행동을 바꾸고 나면 죄책감은 줄어들게 된다.

"할아버지가 돌아가신 것이 벌써 10년도 더 지난 일인데, 아직도 제 탓인 것 같은 기분이 들어요. 우리 집에서는 할아버지가 왕이었어요. 할아버지 말이 곧 법이라서 모두 따라야만 했죠. 어릴 때는 무서워서 그냥 할아버지 말씀을 잘 듣고 화가 나도 참았는데, 중학생이 되면서는 말이 안 되는 억지에 욱해서 잘 못 참았어요. 할아버지가 큰 소리로 우기기 시작하면 부모님도 아무 말 못하고 '네네' 따르기만 했어요. 집안에서 유일하게 제가 할아버지에게 대들었어요. 그러다 진짜 많이 혼났죠. 너무 화가 나서 거의 매일 일기장에 할아버지 욕도 쓰고 죽었으면 좋겠다고 썼어요. 그런데 할아버지가 갑자기 돌아가셨어요. 어른들 말로는 원래 지병이 있으셨다고 했지만, 저는 제 바람 때문에 할아버지가 돌아가신 것 같아서 무서웠어요. 제 탓인 것 같았거든요. 일기장도 누가 볼까 봐 다 찢어서 버렸어요. 지금은 저도 할아버지가 병으로 돌아가셨다고 머리로는 알지만, 그래도 가끔 내가 할아버지를 죽게 한 거 아닌가 하는 생각이 들어요."

상실을 경험한 아동·청소년이 상실과 관련해서 죄책감을 느끼는 것은 보편적인 일이다. 부모의 죽음이나 이혼을 경험한 아동·청소년은 자신이 잘못 행동한 것이나 부모에게 사랑을 표현하지 못한 것, 부모를 소홀히 대한 것 등에 대해 죄책감을 느낀다. 특히 이들의 자기중심적인 사고 특성은 상실의 이유가 자신의 생각과 말, 행동 때문이라고 잘못 지각하도록 만들어서 죄책감을 느끼게 할 수 있다. 하지만 이런 생각들 대부분은 불합리한 것들이다. 현실 검증을 통해서 '그 일은 내 잘못이 아니다. 일어날 수밖에 없는 일이라 일어난 것이다.'라는 사실을 받아들일 수 있다면 비합리적인 죄책감은 완화될 수도 있다.

## 상실에 대한 아동 · 청소년의 행동적 반응

자기가 느끼는 감정이 무엇인지 인식하고 적절하게 표현할 수 있는 언어능력을 갖지 못한 아동 · 청소년은 자신이 느끼는 정서적인 어려움을 행동 문제로 나타내기도 한다. 상실 경험을 한 아동이 떼쓰는 행동이 늘어나거나 부모나 보호자에게 신체적 · 언어적으로 공격적이 되는 경우가 빈번하다. 왜냐하면 아동이 자신의 감정을 언어로 표현할 수 없기 때문에 내적으로 느껴지는 감정들이 행동화되어 표출되기 때문이다. 부모는 자녀가 보이는 '행동'에만 초점을 두고 문제시하기 쉽다. 하지만 아동이 보이는 행동은 화가 났다거나 공격적 · 거부적이라는 의미이기보다는 상실에 대해 슬퍼하고 애도하고 있음을 보여 주는 것으로 해석하는 것이 더 정확할 수 있다. 상실을 경험한 아동 · 청소년은 흔히 다음과 같은 행동을 보인다.

- 떼쓰기 행동, 또는 가족이나 친구, 애완동물에게 공격적인 행동떼리기, 욕하기이 늘어난다.
- 두통이나 메스꺼움 같은 신체적 고통을 호소한다.
- 식욕을 잃거나 과식을 한다.
- 쉽게 잠들지 못하고, 중간에 자주 깨거나 악몽을 꾼다.
- 가족이나 친구로부터 거리를 두거나 과도하게 매달리는 행동이 나타난다.
- 손가락 빨기나 야뇨증, 어린아이처럼 말하기 등과 같은 퇴행 행동을 보인다.
- 분리불안이 나타나거나 등교 거부를 한다.
- 학교 부적응 문제가 나타난다. 학습부진이나 주의력 문제, 또래나 교사와 갈등이 생기거나, 상실의 고통에서 벗어나기 위해 갑자기 학습에 지나치게 몰두하기도 한다.

상실에 대한 반응은 개인마다 다르게 나타날 수 있는데, 어떤 아동·청소년은 상실로 인한 혼란스러운 감정들을 행동화하기보다는 내면화할 수도 있다. 이들은 슬픔과 괴로움을 밖으로 드러내지 않기 때문에 부모는 자녀가 겪는 상실의 증상에 대해 인식하지 못하거나 적절히 대처하지 못할 수도 있으므로 주의를 기울여야 한다.

한편, 애도 과정에 있는 아동·청소년이 호소하는 긴장, 두통, 소화불량, 식욕부진 또는 폭식, 불면 등의 신체적 반응에도 주의를 기울여야 한다. 특히 사랑하는 사람과의 사별이나 부모의 이혼과 같이 깊은 슬픔을 겪어야 하는 애도는 심리적으로 큰 스트레스 요인이 되어 신체적인 면역 체계에도 영향을 줄 수 있다. 상실 이후 경험하게 되는 낯설고도 강렬하고 복잡한 감정들을 처리하는 데에는 많은 에너지가 요구되기 때문에 아동·청소년은 쉽게 피로를 느낄 수 있으므로 이들의 변화를 관찰해서 필요한 도움을 제공하는 것이 중요하다.

## { 아동 · 청소년을 위한 애도 작업의 과제 }

"어이없다고 할까요? 속상하죠. 시력검사 결과 적록색약이래요. 저는 아주 어릴 때부터 파일럿이 꿈이었는데, 못 한다는 거잖아요. 파일럿 말고는 되고 싶은 게 없어요. 다른 걸 생각해 본 적이 없어요."

상실 경험 이후 애도의 과정에서는 상실 자체뿐 아니라 상실로 인해 변화된 생활에 적응하는 것이 필요하다. 워든Worden은 『애도상담과 애도심리치료』1996라는 저서에서 죽음으로 인한 상실을 다루기 위한 네 가지의 애도 과제를 제시했다. 상실을 현실로 수용하고, 애도의 감정을 다루고, 소중한 대상이 사라진 환경에 적응하고, 마지막으로 상실 대상의 자리를 정서적으로 재정립하고 자신의 삶을 이어나가는 것Worden, 1996: Freeman, 2019에서 재인용이 애도 과정에서 이루어져야 할 일들이다. 이 과제들이 제대로 수행되지 않으면 애도 작업은 지연되거나 중단되어 이후의 적응에 부정적인 영향을 미치게 된다.

죽음을 비롯하여 모든 종류의 상실에 대한 아동 · 청소년의 반응은 유사한 점이 있다. 따라서 워든의 애도 과제를 아동 · 청소년이 경험하는 모든 종류의 상실에 대한 애도 과정에서 해결해야 할 과제로 보아도 무방할 것이다. 애도의 네 가지 과제를 수행하기 위한 방법을 살펴보자.

## 상실을 현실로 수용하기

애도 작업의 첫 번째 과제는 상실을 현실로 받아들이고 수용하는 것이다. 상실을 경험한 사람들이 상실이라는 현실을 부인하는 것은 일반적인 반응이다. 상실 직후 현실을 부인하는 것은 충격을 완화시켜 주는 역할을 하기도 한다. 하지만 건강한 애도 과정으로 나아가기 위해서는 '할머니가 돌아가셨다.' '엄마와 아빠가 이혼했다.' '반려견을 잃어버렸다.' '적록색약이라 파일럿이 될 수 없다.'라는 현실을 직면해야 한다.

아동·청소년이 자신이 경험한 상실을 수용할 수 있도록 돕기 위해서는 그들의 인지 발달 수준과 연령에 맞는 언어로 상실에 대해 정확하게 설명을 하는 것이 도움이 된다. 사랑하는 가족의 죽음이나 부모의 이혼은 아동·청소년의 인생에 지속적으로 영향을 미치는 중요한 상실 경험이므로 이들이 그 의미를 정확히 이해했는지가 이후 적응에 중요하다. 예를 들어, 부모가 나이 어린 자녀에게 이혼에 대해 설명할 때는 이혼 가정에 대한 동화책을 함께 읽으며 설명을 해 줄 수도 있다. 부모가 설명을 마치고 아이에게 '이해했느냐'고 질문하면 아이는 무조건 고개를 끄덕이기도 한다. 자녀가 정말로 부모의 설명을 알아듣고 이해했는지 확인하기 위해서 "네가 들은 대로<sub>이해한 대로</sub> 다시 한번 말해 줄래?"라고 하며 아동이 자신의 말로 이해한 내용을 표현할 수 있도록 요청하는 것이 도움이 된다. 나이가 어린 아동일수록 부모의 말을 듣고 나서 죽음이나 이혼에 대해 반복적으로 질문을 할 수도 있는데, 이것은 아동 나름대로 상실 이후 현실이 얼마나 일관성이 있는지를 확인하기 위한 방법이라고 볼 수 있으므로 부모가 인내심으로 가지고 일관성 있게 반응하는 것이 중요한다.

"아빠, 할아버지가 돌아가신 거는 나이가 많이 들어서라고 했지요? 아빠는 몇 살이에요? 아빠도 늙은 거예요? 아빠도 죽나요? 아빠가 죽으면 우리랑은 다시 못 만나는 거죠? 할아버지도 땅에 묻혀 있어서 얼굴을 볼 수 없잖아요. 죽으면 어떻게 돼요? 계속 땅에 묻혀 있으면 갑갑할 것 같은데. 할아버지가 돌아가셔서 천국에 간 거라고 했잖아요. 땅 속에 천국이 있는 거예요? 아빠도 할아버지가 보고 싶어요? 나는 아빠가 죽으면 너무 슬플 거 같아요. 아빠가 안 죽었으면 좋겠어요."

## 애도의 감정 다루기

애도 작업의 두 번째 과제는 상실과 연관된 다양한 감정들을 느끼고, 적절한 방식으로 표현함으로써 애도 과정에서 느끼는 고통과 괴로움들을 다루어 가는 일이다. 상실에 대해 아동·청소년이 느끼는 감정들은 성인이 느끼는 것만큼 다양하고 복잡하다. 하지만 이들은 자신의 감정을 인식하고, 인정하고, 말로 표현하는 기술이 부족하기 때문에 복잡하고 고통스러운 감정을 신체화하거나 외현화된 일탈행동으로 나타낼 수 있다. 그러므로 부모나 돌봄 제공자가 상실을 경험한 아동·청소년을 면밀히 관찰하고 이들이 자신의 감정에 이름을 붙이고 말로 표현할 수 있도록 도와주어야 한다. 자녀가 감정을 인식하고 표현하는 것을 돕기 위해 다양한 표정이 있는 사진들 또는 감정 어휘 카드를 사용하거나 그림을 그려 보도록 할 수 있다. 청소년 자녀라면 감정을 잘 나타내는 노래를 찾아보거나 영화나 소설을 함께 보고 대화를 나

눌 수도 있다. 애도 과정에서 감정을 다루는 것은 매우 중요한 일이다.

부모나 돌봄 제공자는 상실 경험에 어떻게 대응하는지, 애도의 감정들을 어떻게 표현하는지를 보여 주는 역할 모델이 될 수 있다. 그러므로 성인 보호자가 먼저 자신의 감정에 압도되지 않고 애도하는 모습을 보여 주는 것이 중요하다. 아동의 애도에 관한 책, 『아이들이 슬퍼할 때』When Children Grieve에서는 아동·청소년의 애도에서 부모의 역할을 매우 강조한다James & Friedman, & Matthew, 2001. 저자들은 비행기 사고 시에도 성인이 먼저 산소마스크를 써야 어린 아동을 도울 수 있는 것처럼, 상실을 경험한 부모나 돌봄 제공자가 자신의 애도 작업을 잘할 수 있어야 어린 자녀들이 따라하도록 가르칠 수 있게 된다고 하였다. 자녀가 상실을 대하는 방식과 애도하는 방식은 부모의 말과 행동을 통해 영향을 받으므로 부모가 먼저 건강하게 애도하는 방법을 알고 그 방법을 사용할 수 있어야 한다.

### 상실 이후의 환경에 적응하기

세 번째 애도 과제는 자신에게 소중하고 가치 있는 대상이 사라진 현실에 적응하는 것이다. 내가 사랑하는 소중한 대상이 더 이상 여기에 없다는 새로운 현실에 적응하는 것은 쉽지 않은 일이다. 상실 후 적응 여부는 아동·청소년과 상실 대상과의 관계, 그리고 상실 이전에 상실 대상이 아동의 삶에서 맡았던 역할에 따라 달라진다. 상실 대상이 아동의 삶에서 유일하지만 안정적인 애착 대상이었다면 아동은 상실로 인한 슬픔과 고통을 느끼더라도 상실 이후의 삶에 적절하게 적응해 가면 살 수 있다. 하지만 상실 대상과의 관계에서 애착이 불충분했다면 애도에 필요한 시간이 짧아지거나 늘어날 수 있다. 또한 상실 대상인 부모나 보호자와의 관계에서 애착이 없었다면 애도는 최소화된다. 왜냐하면 애도는 애착 대상 상실에 대한 반응이기 때문이다. 애착이 결여된 관계에서 애도가 짧게 이루어지는 것은 정상적인 애도 경험이라고 할 수 있다.

애도하는 사람은 상실의 대상이 했던 역할의 빈자리를 받아들이는 것과 '남겨진 사람'으로서 느끼는 감각들에도 적응을 해야 한다. 그런데 이러한 적응은 한 번에 이루어지는 일이 아니라 어쩌면 평생에 걸쳐 지속될 수도 있다. 부모의 부재는 인생의 전환기 사건들, 예를 들어 졸업식, 입학식, 결혼식, 출산, 생일마다 다시 인식되고 이때마다 강렬한 애도의 감정을 경험할 수 있기 때문이다.

[ 상실 이후 삶에 적응하는 것은 점진적으로 이루어진다. ]

**상실 대상의 자리를 정서적으로 재정립하고 자신의 삶을 계속 살아가기**

네 번째 애도 과제는 상실의 경험을 자신의 삶 속에 어떻게 자리 잡게 할 것인가와 관련되어 있다. 애도는 상실의 대상을 잊고 단절하는 게 아니다. 현재 살아있는 자신의 삶 속에 상실한 대상의 적절한 자리를 다시 마련해 주는 것이다. 고인이나 잃어버린 대상에 대한 사랑을 멈추는 것이 아니라 지금 나의 삶 속에서 여전히 사랑할 수 있는 다른 사람들, 소중한 대상들이 있음을 인식하는 것이다.

잃어버린 대상이 소중한 물건이든, 다시 없을 귀한 관계이든, 보이지는 않지만 자신에게 큰 의미가 있는 꿈이나 희망, 가치이든 간에 그것을 잃었다고 삶이 멈춰지는 것은 아니다. 상실을 경험한 아동 · 청소년은 자신의 삶의 이야기 속에 그 잃어버린 소중한 것을 어떻게 포함시키고 남길 것인지를 선택해야 한다. 건강한 애도는 상실한 것을 잊어버리기 위한 것이 아니다. 진정한 애도는 지금 여기에는 없지만 나에게 있었던 그 소중하고 가치 있는 대상과의 관계와 기억을 재구조화하고, 상실 이후 자신의 정체성을 새롭게 만들어 가는 작업이다.

건강한 애도는 애도하는 사람의 행동적 참여를 통해 이루어져 간다. 상실을 애도하기 위해 필요한 작업들이 있는데, 이것이 바로 애도 과제이다.

- 상실을 현실로 받아들인다.
- 상실과 관련된 감정들을 다룬다.
- 상실한 대상이 없는 현실 환경에 적응한다.
- 상실한 대상을 포함하여 삶의 이야기를 다시 써 간다.

# Part 2

## 아동·청소년의 애도 과정, 이렇게 도와주세요

물려받은 애도 방식을 점검한다

이야기를 제대로 듣고 상실의 경험을 이해한다

상실과 관련된 감정을 있는 그대로 느끼고 표현하도록 격려한다

적응을 위해 예측 가능하고 안정적인 환경을 만든다

아동과 청소년은 다양한 상실을 경험하며 성장한다. 사랑하는 사람의 죽음이나 부모의 이혼, 이사나 전학으로 인한 관계의 상실, 반려동물의 죽음, 꿈이나 가치를 잃어버리기도 한다. 질병이나 사고로 신체 일부의 기능이 제한되거나 재난으로 삶의 터전을 잃게 되기도 한다. 상실의 종류나 그 영향력의 크기는 매우 다양하지만 아동·청소년의 상실에 대한 반응은 유사하게 나타난다. 신체적·인지적·정서적·행동적 측면에서 상실에 대한 반응을 보이는데 이것을 애도라고 한다. 애도는 상실에 대한 자연스러운 반응이지만 모든 애도가 건강하고 적응적인 것은 아니다. 2부에서는 자녀들이 건강하게 애도할 수 있도록 어떻게 도울 수 있을지 그 방법을 함께 생각해 보고자 한다.

## 물려받은 애도 방식을 점검한다

"아빠가 실직하고 집이 어려워졌다는 것은 알고 있었지만, 갑자기 이사를 가야 했을 때 슬프고 속상했어요. 어디로 가는지 궁금했지만 물어볼 수는 없었어요. 엄마, 아빠는 아무런 설명도 안 해 주셨고, 서로 말을 안 해서 집안 분위기가 무거웠거든요. 저는 아주 아기 때부터 그 집에서 살았어요. 그 동네, 그 집에서만 살았기 때문에 다른 데로 이사 가서 친구들과도 헤어져야 한다고 생각하니까 정말 슬프고 겁도 났어요. 친구들은 여기 계속 살지만 저만 떨어지는 거잖아요. 모르는 동네에 가면 누구랑 놀아야 하나, 아무도 나랑 놀아 주지 않으면 어쩌나 걱정도 됐어요. 하지만 엄마, 아빠에게 말할 수가 없었어요. 제가 울면 엄마, 아빠가 더 힘들어하실 것 같았거든요. 그냥 방에서 혼자 울었어요."

사람들은 누구나 자기에게 일어난 사건이나 삶 자체를 해석하는 자기만의 방식을 갖고 있다. 아동·청소년은 자라면서 부모나 조부모, 교사, 돌봄 제공자, 인기 유튜버나 아이돌 같이 그들의 삶에 중요한 영향력을 갖는 성인들로부터 인생에서 일어나는 사건들을 어떻게 해석하고 대처해야 하는지에 대한 정보를 전달받는다. 성인이 아동·청소년에게 전달하는 정보에는 소중하고 가치 있는 것을 잃었을 때 어떻게 대응해야 하는지와 같은 상실을 다루는 방법에 대한 정보도 포함되어 있다. 아동·청소년은 상실을 다루는 방식에 관한 정보를 중요한 성인들에게 물려받고, 그 성인들은 자신들의 윗세대로 부터 물려받는다. 상실을 다루는 방식은 우리가 살고 있는 사회와 문화의 영향하에 있고 세대 간에 전달된다.

영화 〈리틀 포레스트〉(2018)에서 주인공 혜원은 고향 친구 은숙이 자신을 괴롭히는 상사 때문에 화가 나서 "내가 이렇게 다니다가 죽을 것 같다."고 불평을 하자 "스트레스받아 죽을 것 같으면 그만두던가."라고 아무렇지 않게 반응을 한다. 은숙은 그냥 편 들어 주고 달래 주며 공감해 주지 못하고 '옳은 소리'만 하는 혜원에게 화를 내고 가 버린다. 그 모습에 혜원은 어린 시절에 왕따를 당했을 때 어머니가 "그럼 네가 먼저 아무렇지 않게 잘 지내면 된다."며 자기 마음에 공감해 주지 않고 '맞는 말'만 했을 때 얼마나 서운하고 속상했었는지 기억을 떠올린다. 이처럼 우리는 의식하지 못하는 채로 부모가 대처하는 방식을 그대로 모방하며 자란다.

[ 자녀는 부모가 하는 대로, 부모가 할 수 있는 것을 배우며 자란다. ]

제임스와 프리드먼James & Friedman, 2001은 상실에 대처하는 애도 방식에 대해 여섯 가지의 잘못된 신화들을 소개하였다. 그 내용을 우리가 상실을 경험한 사람에게 흔히 하는 말로 바꾸면 다음과 같다.

> 너무 슬퍼하지 마라.
>
> 잃은 것을 다른 것으로 대치해라. 사람은 사람으로 잊는 거다.
>
> 슬퍼하는 사람을 방해하지 마라. 슬플 때는 혼자 있어라.
>
> 마음을 더 강하게 먹어라. 약해지면 안 된다.
>
> 이럴 때일수록 바쁘게 움직여야 한다.
>
> 시간이 약이다.

어느 누구도 이런 메시지에 반론을 제기하는 사람은 없을 것이다. 어쩌면 너무 당연하고 옳은 이야기라고 생각할 수도 있다. 아동·청소년 역시 자라면서 부모나 보호자인 우리에게 이런 메시지를 듣는다. 그러나 우리가 상실들에 대해 이와 같이 대응하고 있다면 자녀에게 건강하지 못한 애도의 방식을 전수하고 있는 것이다. 상실에 대응하는 방식은, 말하자면 컴퓨터의 디폴트 세팅default setting, 기본값처럼, 아동에게 탑재되고 아동은 성장하면서 마주하게 되는 다양한 상실들에 배운 대로 반응한다. 그렇다면 이런 메시지들이 어떻게 건강한 애도를 방해하는지를 살펴보자.

## 감정의 축소

우리는 자녀에게 "너무 슬퍼하지 마. 그래도 너는 ○○이 보다는 상황이 낫잖니." "너보다 더 힘든 사람들도 많잖아. 그러니까 슬퍼하지 마."라고 쉽게 말하곤 한다. 하지만 우리가 자녀의 상실 경험을 다른 사람의 경우와 비교하는 것은 결국 자녀가 겪은 상실의 슬픔과 괴로움을 축소하기 위한 행동이다. 아무리 작게 보이는 상실이라도 경험하는 사람에게는 그 상실로 인한 슬픔과 괴로움이 100%인 것이다. 그런데 슬퍼하지 말라고 하는 것은 "네가 느끼는 대로 느끼지 말라."는 이야기이다. 자녀를 위로하려는 우리의 의도와는 달리, 우리의 행동은 생활 사건들에 대한 정직한 정서 반응들을 속이고 숨기는 행동을 격려하는 것이 된다. 그러므로 상실이나 상실로 인한 감정의 크기나 강도를 남의 경우와 비교하거나 무시하는 것은 상실에 대응하는 옳은 방법이 아니다.

## 애착 마무리의 방해

상실한 대상을 다른 것으로 대치할 수 있다는 아이디어는 상실에 필연적으로 따르는 슬픔과 괴로움이라는 애도의 감정을 축소시킨다. 잃어버린 것은 무엇이든 새로운 것으로 대치될 수 있다는 점을 가르침으로써 이후 상실에 대해 자녀가 갖게 될 반응을 형성한다. 예를 들면, 기르던 강아지가 죽으면 다른 강아지를 데려오고, 장난감을 잃어버리면 더 좋은 것을 산다. 친구와 헤어졌다면 금방 다른 친구를 사귄다. 하지만 우리가 상실로 인해 슬퍼하고 괴로워하는 것은 잃어버린 대상과 내가 맺어 왔던 애착의 관계 때문이다. 강아지는 죽어서 묻혔지만, 그 강아지를 끌어안고 산책하고 놀아 주던 나, 강아지와 나와의 관계는 잊히지 않는다. 장난감은 어디 있는지 찾을 수 없지만, 그 장난감을 가지고 재미있게 놀던 나는 잊을 수 없다. 소중한 물건은 그저 물건으로서의 가치가 있을 뿐 아니라 우리에게 위로와 안전감의 상징이었을 수 있다. 비록 오해로 다투고 헤어져서 친구에게 원망하는 마음과 미움이 있기는 하지만, 그래도 그 친구와 내가 함께 했던 우리의 역사, 그 친밀한 관계는 다른 친구가 대신할 수 없다. 우리가 맺는 관계는 모두 독특하므로 다른 관계로 대치될 수 없다. 과거의 관계를 잘 마무리하지 못하면 새로운 관계도 잘 맺을 수 없다. 달리 말하면, 과거의 애착을 잘 마무리할 수 있어야 이후에 만나게 될 새로운 관계나 이별에 잘 대처할 수 있게 된다. 그러므로 상실에 대한 감정들을 충분히 다루기 전에 새로운 대상으로 잃은 것을 대치하려는 시도는 건강하지 못한 방식의 애도이다.

## 감정의 억압과 왜곡

어른들이 심각한 이야기를 나누고 있을 때 아이들은 그 자리에 끼어 앉아서 무슨 이야기를 나누는지, 어떤 일이 일어나는 것인지 알고 싶어 한다. 그러면 어른들은 "저리 가. 방에 가서 놀아라."라고 하며 아이들을 밀어 낸다. 부모에게 무슨 심각한 일이 일어난 것 같아서 아는 척이라도 할라치면, 아빠가 나서서 "엄마가 혼자 있고 싶을 테니 방해하지 말자."라고 하며 문을 닫는다. 형제간에 다투거나 슬픈 일이 있어서 화를 내거나 울고 있을 때, 자녀들에게 "방에 가서 네가 다 진정되면 다시 나오는 게 좋겠다."라고 제안한다. 남들과 떨어져서 혼자 시간을 보내는 것이 부정적인 감정을 조절하는 데에 도움이 되는 방법일 수도 있다. 그러나 상실을 경험한 아동·청소년은 다른 사람들 앞에서 자신의 감정을 솔직히 드러내는 것은 안전하지 않고 수용받을 수 없는 일이라는 것을 배우게 된다. 어떤 감정은 드러내도 괜찮고 어떤 감정은 절대로 남에게 보여서는 안 된다는 판단을 하게 되므로 감정을 억압하거나 왜곡시킬 수 있다. 감정이 지나치게 억압될 경우 신체화나 행동 문제들로 나타날 수도 있다. 그러므로 아동·청소년이 자신이 느끼는 감정의 전체를 있는 그대로 경험하고 자유롭게, 그러나 적절한 방식으로 표현하도록 도와야 하고, 그러기 위해서는 부모가 자녀에게 안전감을 제공할 수 있어야 한다.

## 회복의 독촉

"마음을 강하게 먹어야 한다." "이럴 때일수록 바쁘게 움직여야 한다."는 말에는 상실로 인한 변화들이 아무리 크더라도 빨리 원래의 모습을 회복하거나 다른 역할들을 맡아서 그 기능을 하는 것이 옳다는 사회적 메시지가 포함되어 있다. 예를 들어, 우리나라 공무원의 경우, 배우자, 본인 및 배우자의 부모 사망 시에는 5일, 본인 및 배우자의 외/조부모 사망 시에는 3일, 자녀와 자녀의 배우자 사망 시에는 3일, 본인 및 배우자의 형제자매 사망 시에는 1일의 휴가가 주어진다. 불교와 유교 전통에서 고인을 기리기 위해 49재나 3년 상을 치르던 것과 비교하면, 우리는 현재 가까운 가족의 죽음으로 인한 상실의 슬픔으로부터 일상으로 복귀하는 데에는 5일 정도면 충분하다고 보는 세상에 살고 있는 것이다. 물론 애도의 기간이 정해져 있는 것은 아니다. 하지만 많은 사람들이 상실의 슬픔에서 가급적 빨리 벗어나고 아무렇지 않게 일상으로 되돌아가서 하던 일을 계속 하는 것을 '슬픔을 극복하는 것'이라고 생각하는 것 같다. 그렇지만 항상 거기에 있던 사람이 더 이상 그 자리에 없고, 내가 소중히 여겼던 것이 사라진 현실은 이미 이전과는 다르다. 소중한 대상이 있다가 없어진 삶에 다시 적응하는 것은 말처럼 쉬운 일이 아니다.

상실의 상황에서 마음을 강하게 먹고 강해져야 하는 이유가 상실 대상이 맡았던 역할을 대신해야 하기 때문인 경우가 많다. 사람들은 "마음 단단히 먹어라. 이제 네가 아빠 대신이야." "애들과 살아남으려면 더 강해져야지."라는 말로 회복을 독촉한다. 사랑하는 사람의 죽음은 인생이 변하는 아주 큰 사건이다. 바쁘게 살고 더 강해지려고 하는 것은 지금 경험하고 있는 상실의 고통으로부터 주의를 분산시키는 데에 도움이 될 수 있다. 하지만 결국 감정을 억압하게 된다. 상실로 인해 달라진 현실을 이해하고 받아들이고 다시 적응하기 위해서는 충분한 시간과 도움이 필요하다.

### 수동적인 태도 유지

'시간이 약'이란 말이 있다. 경우에 따라서는 흘러가는 시간을 믿고 기다리면 해결되는 문제나 상처가 있기도 하다. 하지만 상실의 경우에는 흘러가는 시간 그 자체가 치료 효과를 가지는 것은 아니다. 웨스트버그는 상실을 경험한 사람들이 겪는 슬픔과 애도가 진행되는 과정을 10단계로 나누어 설명하고Westberg, 1962: 육성필 외 2019에서 재인용, 퀴블러로스는 상실에 대한 반응이 진행되는 과정을 5단계로 설명한다Kübler-Ross, 1969: Fiorini & Mullen, 2014에서 재인용. 이와 같은 단계 모델은 상실 경험 앞에서 충격으로 무감각해지고 부인하던 상태에서 결국 상실을 인정하고 받아들이기까지 심리적으로 어떤 일이 일어나는지를 설명하고 있다. 하지만 이것이 곧 애도라는 말은 아니다.

　애도는 시간이 지나가서 상실의 기억이 지워지기를 기다리는 수동적인 태도가 아니다. 건강하고 적응적인 애도란 상실 이전과는 다른 현실 속에서 삶의 의미와 가치를 다시 발견하고, 상실에 대해 고통스러워하지 않으면서 좋았던 기억들을 유지할 수 있는 상태로 회복하는 것을 의미한다. 다시 말해서, 소중한 것을 잃어버린 경험으로 인해 고통스럽게 멈춰 있던 삶의 이야기가 그 슬픔의 경험을 포함하여 다시 쓰이고 진행되는 것이 진정한 의미의 애도라고 할 수 있다. 그러므로 애도는 상실을 경험한 사람의 적극적인 작업working이 요구되는 과정이다. 특히 아동·청소년의 경우 상실의 경험을 어떻게 다루었는지가 그들의 정체감 형성에 크

게 영향을 미치게 된다. 그러므로 적응적이고 건강한 애도를 위해 상실 이후의 시기에 무엇을 어떻게 애도하는가는 매우 중요하다.

### [ 함께하기 ]

위기 상황에서는 그 문제를 해결하기 위해 오래된 옛날 패턴, 즉, 디폴트 세팅으로 돌아간다. 자녀를 돕기 전에 부모인 내가 상실 경험을 어떻게 다루어 왔는지 먼저 살펴볼 필요가 있다. 다음 질문들을 잘 읽고 자신의 생각을 정리해 보자.

• 내가 부모로부터 물려받은 상실에 대한 대처 방식은 무엇인가?

_____

• 이것은 내가 자녀의 상실 경험을 다룰 때 어떻게 영향을 미치는가?

_____

• 나는 이 방식을 유지하고 싶은가? 그렇다면 그 이유는 무엇인가?

_____

• 이 방식을 바꾸고 싶은가? 그렇다면 어떻게 바꾸고 싶은가? 다른 애도 방식은 나와 자녀의 삶에 어떻게 도움이 될까?

_____

자녀의 애도 과정을 잘 돕기 위해 부모인 내가 상실을 다루는 방식을 점검하고 보다 적응적인 방식을 개발하는 것이 중요하다.

# 이야기를 제대로 듣고
# 상실의 경험을 이해한다

유림이는 방과 후 과학 시간에 받아온 햄스터인 '햄토리'를 애지중지 길렀다. 다른 친구들의 햄스터들은 몇 개월 못 가 죽었다는 얘기를 들었지만, 유림이의 햄토리는 벌써 1년 넘게 살았다. 유림이는 햄토리가 집에 온 첫 날부터 멋진 쳇바퀴가 달린 케이지와 사료, 좋은 견과류를 준비해서 먹이고 놀아 주고 자신의 비밀 이야기도 나누며 지내서 햄토리와는 정이 많이 들었다. 햄토리는 외동인 유림이의 첫 반려동물이자 형제 같은 존재였다. 그러던 어느 날 햄토리 눈에 눈꼽이 끼고 털이 빠지기 시작했다. 통통했던 몸도 조금씩 말라 가는 것 같더니 햄토리가 밤 사이에 죽었다. 아침 인사를 하러 케이지에 갔다가 움직이지도 않고 가만히 누운 햄토리를 보고 유림이는 소리 내서 울기 시작했다. 학교도 안 가겠다고 하며 울기만 했다. 처음에는 유림이를 위로하던 어머니도 하염없이 울기만 하는 유림이를 보고 있자니 답답한 마음이 들었다. 시간이 흐를수록 어머니의 마음도 조급해져서 '얼른 달래서 학교를 보내야겠다.'는 생각만 들었다. "학교 갔다 오는 길에 펫 샵에 가서 햄스터 한 마리 사자. 아니 두 마리 살까, 외롭지 않게?" 어머니 말을 들은 유림이는 더 크게 소리 내서 울었다. 참고 달래던 어머니는 마침내 더 크게 소

🌱 리를 쳤다. "아무리 슬퍼도 학교는 가야 할 거 아니야!"

　어린 자녀가 아끼던 인형이나 자동차를 잃어버리면 부모나 성인 보호자들은 매우 쉽게 "울지 말고 나가자. 새로 사 줄게."라고 말한다. 이런 이야기를 듣고 자란 아동은 '상실은 새로운 것으로 대치된다.'는 사실을 학습하게 되므로 상실에 따르는 슬픔과 괴로움을 충분히 느끼는 대신 이를 억압하거나 축소하는 법을 배우게 된다. 하지만 우리가 맺는 모든 관계들은 각각 고유하고 독특해서 대치될 수가 없기 때문에 비록 현실에서는 없어지거나 죽었더라도 잊히는 것은 아니다. 아동 · 청소년이 잃어버린 것은 그

나를 형성하는 다양한 관계

것이 장난감이든, 반려동물이든, 특별한 장소나 사람이든, 그 자체라기보다는 그 대상에 대해 정서적으로 애착되어 있는 '관계'이다. 그렇기 때문에 상실을 새로운 것으로 대치할 수 있다는 생각은 바로 관계가 대치될 수 있다는 위험한 생각을 갖게 할 수도 있다.

"그 토끼 인형은 진짜 특별했어요. 저는 어릴 때부터 부모님께 뭘 요구한 적이 없었어요. 부모님이 알아서 챙겨 주면 받았고, 안 주면 뭐 어쩔 수 없는 거였죠. 특히 인형 같은 거는 부모님이 별로 안 좋아하셔서 사 달라고 해 본 적도 없어요. 아니, 제가 그런 걸 가지고 싶어 하는 지도 몰랐어요. 그런데 이상하게도 그 인형은 꼭 가지고 싶었거든요. 처음으로 어머니에게 사 달라고 했죠. 어머니가 그냥 웃으면서 사 주셨어요. 그런데 저 없는 새에 집에 다녀간 사촌동생이 갖고 싶다고 하니까 어머니가 그냥 줘 버렸대요. 제가 막 뭐라고 하니까 어머니는 '애가 달라는데 그럼 안 된다고 하냐. 네가 나이가 몇 살 인데.'라고 하더라고요. 저도 중학생이니까, 머리로는 이해가 되지만 마음은 안 그래요. 지금도 화가 나고 울고 싶어요."

아동·청소년에게 소중한 물건은 물건 그 자체가 아니라 정서적인 애착의 대상으로 어쩌면 위로와 안정감의 상징일 수 있다.

애착을 형성하는 것은 인생에서 매우 중요한 능력이다. 애착을 형성할 수 있어야 상실한 대상에 대한 애도 역시 가능하다. 상실은 어떤 의미에서는 애착을 마무리하는 것이라고 할 수 있다. 그동안 자신의 인생에서 익숙함과 편안함, 안전감의 근원이었던 대상과 안전하게 작별하는 경험은 이후 인생에서 마주하게 될 다양하고 어려운 이별 과제들에 잘 대처할 수 있는 기초가 된다.

첫 번째 사례에서 유림이는 햄토리의 죽음으로 상실을 경험했다. 유림이의 슬픔은 지난 1년간 동생처럼, 친구처럼 사랑했던 햄스터를 다시는 만날 수 없고 함께 놀 수 없다는 것이다. 살아있을 때 새까만 눈으로 자신을 바라보고 입을 오물거리고 팔을 타고 오르락내리락하며 몸을 간지럽히던 따듯한 햄스터의 몸은 이제 차갑게 굳었고 땅에 묻힐 터였다. 상실은 유림이가 경험한 사건이고, 슬픔과 그리움은 이 상실로 인해 유림이가 느끼는 감정이며, 울음은 유림이의 슬픔과 그리움이 밖으로 나타나는 방식이다. 두 번째 사례의 청소년은 부모에게 요구하지 못했던 애정을 상징하는 토끼 인형을 자신이 없는 사이에 어머니가 마음대로 사촌동생에게 줘 버린 것으로 인해 속상하고 화가 나는 감정을 느낀다. 이 청소년이 잃은 것은 자신이 중요하게 여기는 것을 존중하고 소중히 대해 주는 어머니의 배려와 돌봄이다. 자신이 가치 있게 여기는 것을 잃어버리면 누구나 슬픔과 분노, 괴로움을 느낀다. 그런데 이런 유사한 상황에서 많은 부모들이 유림이의 어머니처럼 아이를 달래다가 곧 "그만 울고 할 일을 하라."고 다그치거나 사례의 청소년의 어머니처럼 합리적인 이유를 들어 설득을 하려고 한다. 왜 그럴까?

　대부분의 부모들은 자녀가 자라면서 고통스럽거나 힘든 상황을 겪지 않기를 바란다. 자녀가 다른 사람에게 인정받고 존중받는다고 느끼며 자신감을 가지고 행복한 기분으로 살기를 바란다. 하지만 아동·청소년은 살면서 실패와 좌절, 슬픔과 괴로움을 겪을 수밖에 없다. 자녀가 힘든 상황에 처하면 부모는 자녀를 돕고 싶어 한다. 자녀가 다시 행복하고 만족스러운 상태로 돌아가길 바라는 마음에서 자녀의 문제를 없애거나 해결해 주려고 한다. 이렇게 돕는 것을 부모의 역할이라고 여긴다. 그래서 자녀가 어려움을 겪을 때 대화를 시도한다. 하지만 정작 아이가 대화를 시작하면 부모는 자녀의 말을 제대로 충분히 듣기보다는 '아이를 돕기 위해서' 오히려 많은 말을 하고 있는 자신을 발견하게 될 것이다.

혼자 오랫동안 좋아하던 이성 친구에게 고백하겠다고 잔뜩 긴장해서 나갔던 자녀가 풀이 죽어 들어왔다고 상상해 보자. 부모는 자녀의 눈치를 살피며 무슨 일이 있었냐고 묻는다. 어쩌면 다소 부정적인 결과를 예상하며 뭐가 잘 안 됐는지, 차였는지 물을 수도 있다. 방문을 닫고 들어가는 아이 뒤를 쫓아가서 얘기 좀 하자고 하거나, 어쩌면 아이가 말하려고 할 때를 기다리다 대화를 시도할 수도 있다. 아이가 말을 시작한다. "내가 오늘…" 아이가 말하는 동안 부모는 머릿속으로 지금 당장 아이를 위로할 말이나 앞으로의 이성 관계 문제에 도움이 될 만한 조언, 또는 아이의 기분을 풀어 줄 만한 간식이나 선물을 떠올리며 아이에게 질문을 하거나, 격려하거나, 자신의 경험을 말하거나, 해결책을 찾아서

충고를 하거나, 아니면 기분 전환을 위해 외식을 하자며 주의를
돌리는 말을 한다. 부모의 노력은 자녀가 겪는 슬픔과 고통을 덜
어 주려는 좋은 의도에서 비롯되었으나 자녀들은 오히려 부정적
으로 반응을 할 때가 많다. "엄마/아빠는 잘 알지도 못하면서 그
래!"

　좀 더 깊게 생각해 보면, 상실을 경험한 아동·청소년에게 성인
이 제안하는 방식은 상실의 문제에 대처하는 자기 자신의 방식일
때가 많다. 우리는 상실을 어떻게 받아들이고 어떤 방식으로 애
도해야 하는지 부모로부터 배웠고, 우리 부모들은 그 윗세대에게
서 배웠다. 그런데 우리가 배운 것은 상실에 따르는 정서적 문제
를 회피하고 묻어 두는 방식이다. 우리는 자녀에게 '대화'를 제안

하지만 결국은 자녀가 상실을 충분히 애도하고 잃어버린 것과의 애착 관계를 마무리하는 것을 돕지 못한다.

상실을 비롯한 여러 가지 어려움을 겪고 있는 자녀의 이야기를 가만히 듣기만 하는 일은 매우 어려울 수 있다. 하지만 자녀의 건강한 애도 과정을 제대로 돕기 위해서는 먼저 아이의 말을 잘 들어 주는 경청이 무엇보다 필요하다. 자녀의 말을 듣다가도 뭔가 할 말이 떠오르면 아이의 말을 중단시키고 내가 하고 싶은 말을 하려고 하는 성급한 마음이 든다. 그럴 때는 자녀의 말을 제대로 집중해서 들을 수 없다. 내 생각을 내려놓고 자녀의 말에 집중할 때만 제대로 들을 수 있다.

페이버와 마즐리쉬Faber & Mazlish, 2012는 효과적인 부모-자녀 의사소통 방법에 관한 그들의 책 『자녀가 듣게 하는 말하기와 자녀가 말하게 하는 듣기How to talk so kids will listen & listen do kids will talk』에서 자녀들의 반감을 사고 마음을 닫게 만드는 부모의 태도들에 대해 설명하고 있다. 비록 부모가 자녀를 돕고 싶다는 의도를 가지고 있더라도 다음과 같은 방식으로 말하면 자녀들은 마음을 닫아 버린다. 자녀와 대화할 때 나는 어떻게 말하고 있는지 생각해 보자.

- **자녀가 느끼는 감정을 부인하기**: "그렇게까지 화낼 일은 아니야."
- **철학적으로 반응하기**: "원래 사는 게 다 그런 거야." "세상에 내 뜻대로 되는 게 얼마나 되겠니."
- **조언하기**: "네가 그것을 원한다면 …를 해야만 해."
- **비난조로 질문하기**: "네가 그거 안하면 아빠가 화내실 거라는 거 몰랐니?"
- **다른 사람 편들기**: "선생님이 왜 그러셨을까 이해가 된다." "걔네들이 얼마나 화가 났으면 그랬을까."
- **동정심 표현하기**: "아이고 불쌍해라, 어쩜 좋니."
- **분석하기**: "네가 화가 난 것은 사실 그것 때문이 아니라……."

"그럼 부모는 아무 말도 하지 말고 무조건 참으라는 건가요?" 양육 상담이나 부모 교육에서 자녀의 말을 경청해야 한다고 하면 꼭 받게 되는 질문이다. 언제 말하고 언제 들을 것인지는 누가 문제를 가지고 있는지ownership of problem에 따라 달라진다. 자녀의 어떤 행동이 부모에게 스트레스가 되고 부모의 욕구 충족에 방해를 받는다면 이때 문제의 소유자는 부모이다. 문제의 해결을 위해 부모는 자녀의 행동이나 인격을 비난하지 않으면서 자신의 감정과 생각을 자녀에게 솔직하고 객관적으로 전달하기 위해 나-전달법I-message을 사용하는 것이 도움된다. 반면, 자녀가 문제를 소유한 경우라면, 자녀의 어떤 행동이 자녀 자신에게 스트레스나 좌절감을 느끼게 하지만 부모에게는 아무런 문제도 일으키지 않는다.

이때는 부모가 적극적 경청<sub>active listening</sub>을 통해서 자녀의 감정과 생각을 이해하고 자녀 스스로가 문제를 해결할 수 있도록 돕는 것이 필요하다.

### 적극적 경청

아동·청소년은 자신의 감정을 있는 그대로 직접 표현하기보다는 부호화<sub>coding</sub>해서 메시지를 전달한다. 제대로 된 의사소통이라면 청자<sub>listener</sub>는 자신이 들은 메시지에 담긴 감정이나 의도를 정확히 해석<sub>de-coding</sub>해야 한다. 적극적 경청이란 자녀가 말한 내용에 담긴 감정 정보를 정확히 이해하고, 자녀에게 '내가 너의 감정과 생각을 이해했다.'는 사실을 피드백해 주는 것이다. 적극적 경청을 통해 자녀는 자신이 부모에게 온전히 수용되고 있음을 경험한다. 부모는 적극적 경청을 통해 자녀가 자신의 감정을 정화하고 문제를 스스로 해결할 수 있는 방법을 찾아가도록 도울 수 있다.

자녀와 부 또는 모의 대화

| 부 또는 모의 잘못된 해석 반응 | 자녀 메시지 | 부 또는 모 적절한 반응 |
|---|---|---|
| • "애들이 다 똑같지. 너는 전학 온 지 며칠이나 됐다고 그러니?" | • "이 학교 애들이랑은 수준이 안 맞아서 못 다니겠어요." | • "새로운 학교 애들과는 어떻게 어울려야 할지 몰라서 곤란하다는 말이구나." |
| • "그러니까 미리 공부 좀 하랬지? 말 안 듣고 놀기만 하더니 잘 됐다." | • "수학 시험 성적이 50점이라니, 나는 멍청해요." | • "이번 수학시험에서 문제를 풀기가 어려웠다는 말이구나." |
| • "애들이 괜히 그러겠어? 좀 똑바로 하고 다니랬잖아. 왜 욕먹을 짓을 하니?" | • "애들이 내 뒤에서 욕을 하는 것 같아서 죽고 싶어요." | • "다른 애들이 너를 안 좋게 생각할까 봐 몹시 걱정이 된다는 말이구나." |
| • "너 정말 못됐구나." | • "동생이 없어졌으면 좋겠어요." | • "동생이 네 물건을 함부로 만지고 놀아 달라고 조를 때 너는 방해받지 않고 혼자 있고 싶다는 말이구나." |

그렇다면 아동·청소년의 말을 어떻게 들어야 할까? 상실을 경험한 아동·청소년의 이야기를 제대로 듣기 위해서 갖추어야 자세는 다음과 같다.

| 듣기 전 | 듣는 동안 | 들은 후 |
|---|---|---|
| • 자녀의 말을 충분히 들을 수 있는 시간과 마음의 여유가 있어야한다.<br><br>• 말의 내용뿐 아니라 몸짓, 자세, 억양, 목소리, 침묵 등의 비언어적인 부분에도 주의를 기울인다.<br><br>• 말의 내용을 이해하는 것과 더불어 자녀가 자신의 감정을 명확히 인식하고 말로 표현하도록 도우려는 자세를 갖는다. | • 자녀의 이야기에 대한 해석이나 판단을 하지 않는다.<br><br>• 자녀의 이야기를 들으면서 어떤 감정이 느껴지면 나의 추측이 맞는지 확인한다.<br>- "슬펐다는 말 같은데, 그러니?"<br><br>• 내가 이해한 자녀의 이야기를 나 자신의 말로 다시 표현한다.<br>- "그러니까 네 말은 … 라는 거지? 내가 잘 알아들었니?" | • 자녀가 하고 싶은 말을 다했는지, 자신의 감정이 명확하다고 느끼는지 확인한다.<br><br>• 자녀에게 필요한 것이 무엇인지 질문하고 도움을 제안할 수도 있다.<br>- "엄마/아빠가 너를 도울 방법이 있을까?"<br>- "이 문제를 풀 수 있을지 함께 해결책을 찾아볼까?"<br>- "지금은 우선 바람 좀 쐬고 기분 전환을 하는 게 좋을까?"<br>- "엄마/아빠 경험에 대해 말해 줘도 괜찮을까?" |

자녀가 상실에 대한 슬픔과 고통을 느끼는 상황에 있다면 우리가 조언이나 위로의 말을 할 때가 아니라 자녀의 이야기를 먼저 경청해야할 때이다. 자녀의 이야기를 듣고 재빨리 해결해 주려는 것보다 자녀의 말에 제대로 집중해서 들을 수 있을 때 비로소 진정한 대화가 가능해진다. 상실을 경험한 자녀가 자신이 겪는 어려움이나 고통에 대해 말하는 것을 들을 때 부모는 즉각 개입해

서 무엇이든 돕는 행동을 하려는 조급한 마음이 들 수 있다. 그래서 자녀와의 대화 속에서 자녀의 말을 집중해서 듣는 대신 조언하거나 마음을 풀어 주려고 격려하거나 기분 전환을 제안한다. 하지만 자녀에게 필요한 것은 제대로 들어 주는 부모의 두 귀다. 도움이 필요하지 않은데 도와주려고 하는 것은 마음이 불편한 부모 자신을 위해서이지 자녀를 위해서가 아니다.

자녀의 애도 과정을 제대로 도우려면 나의 생각이나 판단을 내려놓고 자녀의 말에 먼저 귀를 기울여야 한다. 그럴 때에 비로소 자녀가 잃은 것은 무엇이고, 자녀는 상실의 대상과 어떤 관계를 맺고 있었는지, 거기에는 어떤 의미가 있는지를 이해할 수 있게 된다. 무엇을 애도해야 하는지가 명확해지는 것이다.

건강하던 아버지가 갑자기 병으로 쓰러지셨고, 약 6개월 간 투병하는 아버지를 어머니와 함께 지켜봤었다. 수술 결과가 좋지 못해 마음 한 편으로는 돌아가실 것을 예상했으나 그래도 아버지의 죽음은 충격이었다. 아버지의 장례를 마치고 몸겨누운 어머니가 점차 지병으로 건강이 악화돼자, 아영이는 어머니마저 돌아가실까 봐 두려웠다. 아영이는 어머니가 걱정돼서 집에서는 아버지에 대해 아무 말도 못하고 지내다가 한참 지나서야 아버지와 나누었던 농담이나 웃긴 일화들에 대해서 겨우 이야기할 수 있었다. "우리 아빠는 최고의 아빠였어요. 아빠와는 마음이 정말 잘 맞았거든요." 하지만 아버지와의 사이가 각별했던 아영이는 아버지를 그리워하면서도 원망하는 마음이 들어서 혼란스럽다고 했다. "아빠는 돌아가셨잖아요. 아빠는 이 땅에 존재하지 않으니까 아빠 입장에서는 저와의 관계는 끝난 것 아닐까요? 아빠가 없으니까 아빠가 맺었던 관계들도 없는 거죠, 아빠 입장에서는 말이에요. 그게 혼란스러워요. 저는 여기 남아 살고 있는데, 아빠와의 관계가 끈이라면 저는 여전히 한쪽 끈을 잡고 있는데 반대쪽 끈은 이제 아무도 잡고 있지 않은 것 같아요. 이걸 뭐라고 불러야 하죠?"

  자녀의 애도 과정을 돕는 부모의 역할은 자녀의 상실 경험에 대해 잘 듣고 그 이야기가 완결되도록 조력하는 것이다. 상실의 경험에는 해결되지 않은 많은 감정이 뒤따른다. 해결되지 않은 감정들로 인해 상실한 대상과 나의 관계는 매우 혼란스럽게 남겨진다. 어떤 의미에서 애도 작업은 상실이 발생한 시점에서 해결되지 않은 감정들이 남아 있는 관계를 완결하는 것일 수 있다. 이제 상실의 대상이 부재하므로 누군가가 그 전달되지 않은 감정을 의사소통하는 것을 도와야 한다. 그러기 위해서는 상실의 경험에 귀 기울여 들어야 한다. 잃은 것은 무엇인지, 상실의 대상과의 관계에서 해결되거나 전달되지 않은 채 남아 있는 감정들은 무엇인지, 그리고 그것이 자녀에게는 어떤 의미가 있는지를 명확히 알

때 제대로 애도할 수 있고 다시 일상으로 돌아갈 수 있다.

상실로 인해 해결되지 않은 감정들을 가진 채 남겨진 관계들은 미해결된 애도라고 할 수 있다. 만약 감정들이 소통되지 않은 채 남아 있다면, 즉 건강하고 적응적인 애도가 이루어지지 않는다면 여러 가지 문제 행동으로 나타날 수 있다. 아동·청소년은 상실에 대한 감정을 다루는 대신에 에너지를 방출하기 위해 분노 폭발 행동을 보이거나, 현실에서 벗어난 공상의 세계에 빠져 있거나, 게임, 컴퓨터, TV, 책 등에 몰두할 수 있다. 또는 운동이나 쇼핑, 음식에 집착할 수 있고, 알코올이나 약물을 사용하고 성문제를 일으키거나, 사회적으로 고립되어 생활하는 등 행동화하여 표출할 수 있다. 그러므로 미완의 애도를 완결하기 위해서는 안전한 분위기 속에서 상실로 인한 해결되지 않은 채 남아 있는 감정들에 대해 이야기할 수 있어야 한다. 부모와 성인 돌봄 제공자는 아동·청소년의 상실 경험에 대해 판단하거나 해석하지 않고 제대로 듣고 그들의 감정을 인정해 줌으로써 안전감을 제공할 수 있다.

## 상실과 관련된 감정을 있는 그대로 느끼고 표현하도록 격려한다

어린 아이들은 넘어져서 무릎이 까지거나 손바닥에 피가 조금만 나도 운다. 까진 상처가 아파서 그렇든, 갑자기 넘어지는 바람에 놀라서 그렇든, 아니면 친구들 앞에서 넘어진 것이 창피해서든, 이유가 어찌되었든 간에 눈물이 나니까 우는 것이다. 아동의 나이가 어리면 부모는 자녀를 달래면서 울지 말라고 하고, 좀 큰 아동에게는 "네가 잘못해서 넘어진 것이고 많이 다친 것도 아니니 울지 말라."고 타이른다. 부모는 자녀로 하여금 느끼는 대로 느끼지 못하도록 하는 메시지를 전달하는 것이다. 부모 입장에서 보면 별일 아닌 것 같으니까 "괜찮으니까 울지 마."라고 하는 것은 자녀가 자신이 경험한 일에 대해 정상적으로 반응하는 것을

저지하면서 솔직하지 않은 반응을 강화하는 것이다.

초등학교 4학년인 주혁이는 어머니와 일곱 살 난 남동생과 살고 있다. 아버지는 직장 때문에 벌써 몇 해째 해외에서 근무 중이시다. 가족은 일 년에 2주 남짓 되는 아버지 휴가 때만 겨우 만날 수가 있어서 주혁이는 아버지가 몹시 그립기도 하고, 가족과 함께 살지 못하는 직업을 선택한 아버지가 원망스럽기도 하다. 종교 활동에 열심인 어머니는 아들들을 다양한 봉사 현장에 데리고 다니거나, 어머니 혼자 참석해야 할 때는 주혁이에게 동생을 돌보도록 했다. 어머니와 함께 한 가족 상담 시간에 주혁이는 동생과 자전거를 타고 심부름을 다녀올 때 횡단보도에서 동생이 차에 치일 뻔해서 무서웠다는 얘기를 했다. 그러면서 "가끔은 나도 누군가가 좀 챙겨 줬으면 좋겠어요. 혼자 한다는 게 겁이 날 때가 있어요."라고 말했다. 그러자 어머니는 주혁이에게 "그건 네가 어릴 때 일이잖아. 지금은 다 컸고 혼자 잘하면서 왜 그래. 엄마는 네가 자랑스러운데."라고 말하며 주혁이가 동생을 챙기고 자기 일을 알아서 하는 게 얼마나 든든한지 칭찬을 하기 시작했다. 주혁이가 아무 말도 하지 않고 가만히 있자, 어머니는 주혁이의 기분을 좋게 하려는 것인지 집에 가면서 좋아하는 간식을 사 가자고 제안했다.

주혁이는 그동안 어머니 앞에서 솔직한 기분을 잘 표현하지 못했다. 왜냐하면 '좋은 기분'만 느끼는 척, 잘 지내는 척 행동을 하면 어머니의 칭찬이나 인정과 같은 보상을 받을 수 있으나, 외로움이나 두려움, 슬픔, 그리움을 표현하면 어머니는 즉각 "그렇지 않아. 네가 그렇게 느끼다니 말도 안 돼."라는 반응을 보이기 때문이다. "섭섭해하지 마. 아빠가 우리 가족을 위해 얼마나 열심히 일하시는지 알잖아. 아빠도 오고 싶으실 거야." "뭐가 무섭다고 그래. 혼자 잘하면서. 너 이제 다 컸잖아." "친구가 그랬다고 미워하면 안 돼. 그건 나쁜 거야." "네가 동생에게 화가 나긴 했지만 동생을 사랑하잖아." 이러한 어머니의 말은 주혁이 마음을 이해하는 것처럼 들리지만, 사실은 '네가 느끼는 것은 잘못되었다.'

는 뜻이다. 어머니의 말은 또한 '너는 이 상황에서 이렇게 느껴야만 한다.'라는 기대와 압력을 전달한다.

영유아는 자신이 느끼는 모든 감정을 표현한다. 하지만 성장하면서 부모나 주변 환경으로부터 '나쁜 기분'을 느끼거나 그것을 말하는 것은 잘못된 일이라는 가르침을 받게 된다. 부모들은 자녀들이 '나쁜 기분'을 느끼는 것을 잘 내버려두지 못한다. 즉시 개입해서 해결해 주는 것이 유능한 부모의 역할이라고 생각하기 때문이다. 하지만 우리 인간의 감정은 수시로 변한다. 어떤 것이 좋은 감정이고, 어떤 것이 나쁜 감정인가? 자녀가 솔직하기를 바란다면 부모는 자녀가 느끼는 슬픔과 고통, 분노를 이해해야만 한다. 그렇지 않으면 아이들은 감정을 숨기게 되고 꾸며진 좋은 감

정만을 내보임으로써 자신의 솔직한 감정들과는 단절된다.

모든 감정은 다 목적이 있다. 행복과 만족, 즐거움을 느끼기 위해서는 슬픔과 고통, 괴로움도 느낄 수 있어야 한다. 기분을 느끼는 것은 누구의 승인이 필요한 것이 아니다. 아동·청소년은 느껴지는 대로 느껴 봐야 할 필요가 있다. 특히 상실을 경험한 아동·청소년이 취약함을 드러낼 때, "네가 강해져야지, 약해지면 안 된다." "용감해야지."라는 식의 힘을 북돋우는 이야기들은 매우 부담이 될 수 있다. 자신의 슬픔과 괴로움을 채 느끼기도 전에 어린 자녀가 부모화<sub>parentified</sub>될 수 있기 때문이다. 어린 자녀가 부모를 대신해서 돌보는 역할을 맡게 된다면 아동기 및 청소년기의 경험은 상실되고 건강하지 못한 발달, 즉 성인-아이<sub>adult-child</sub>가 된다.

## 감정과 생각 구분하기

애도 과정에서 중요한 것은 상실과 관련된 감정을 다루는 것이다. 그러므로 자신이 느끼는 감정이 무엇인지 아는 것이 중요하다. 하지만 상담실에서 "지금 이 순간 기분이 어떤가요?"라고 질문했을 때 자신의 감정을 명확히 말로 표현하는 사람은 드물다. 아동·청소년의 경우 기분을 묻는 질문에 대해 처음에는 "기분이 좋아요." "기분이 나빠요." "아무 기분도 안 느껴져요." 또는 "잘 모르겠어요."라고 반응하는 경우가 대부분이다. 상담자가 좀 더 묻는다면, 이들은 잠시 고민하다가 "내가 좀 부족하다고 느껴요." "내가 엄마에게 별로 중요하지 않은 것 같은 기분이 들어요." "친구에게 조종당하는 느낌이에요."라고 말한다. 이것이 감정일까?

우리가 '~한 기분이 든다.' 또는 '~하게 느낀다.'라고 말을 할 때 실제 기분이나 감정보다는 생각을 나타내는 경우가 많다. 예를 들어, 어떤 청소년 내담자가 "친구들에게 내가 무시당한다고 느껴요."라고 말한다면 이것은 감정이 아니라 다른 친구들이 자신을 대하는 행동에 대해 그 청소년이 어떻게 생각하고 있는지,

즉 청소년 자신의 해석을 나타내는 말이다. 친구들이 자신을 지나쳐서 자기들끼리 얘기하며 걸어가는 모습을 보았을 때, '애네들이 나를 무시하는구나.'라고 내가 해석하게 되니 속상하고 슬퍼진다면 바로 이 '속상함'과 '슬픔'이 감정이다. 다른 사람의 태도나 반응에 대한 우리의 생각과 그렇게 생각할 때 느껴지는 기분을 구분해야 한다.

다른 사람뿐 아니라 자기 자신에 대한 생각과 실제 느끼는 감정역시 구분해야 한다. "나는 부모로서 부족하다고 느낀다."라는 말은 부모로서 자신의 능력에 대해 스스로 어떻게 평가하는지를 표현하는 말이지 감정을 나타내는 말이 아니다. 실제 감정을 나타내는 말은 내가 스스로 부모로서 부족하다고 평가하면서 드는 좌절감이나 불안 등이다. 그러므로 "나는 부모로서 좌절감을 느낀다."라고 말하는 것이 자신의 감정을 더 정확하게 표현하는 말이다.

## 감정을 표현하는 말

누군가 "기분이 좋다."라고 말하면 그 사람이 실제로 어떻게 느끼는지 알 수가 없다. 상황에 따라서 '좋은 기분'은 고마움이나 안심일 수도 있고, 흥분과 희열, 친근함 또는 평화로운 기분일 수도 있다. 그러므로 기분이나 감정을 나타낼 때는 구체적인 표현을 사용하는 것이 좋다. 하지만 우리가 실생활에서 사용하는 감정 어휘가 매우 제한적이어서 아동·청소년에게 감정이나 기분을 표현하는 어휘들을 가르쳐 주지 못한다. 내가 지금 느끼는 감정은 그 이면에 있는 욕구에 대한 정보를 제공하기 때문에 자신이 느끼는 감정을 아는 것은 중요하다. 느끼고 있는 것이 무엇인지 명확히 알 수 없을 때 우리는 그 감정에 압도되기 쉽다.

뇌 연구 분야에서 저명한 정신과 의사인 댄 시겔Dan Siegel이 정서 조절과 관련하여 남긴 유명한 말이 있다. "Name it to tame it!" 지금 당신이 느끼고 있는 감정이 무엇인지 구분identifying할 수 있다면, 즉 이름을 붙일 수 있다면naming, 당신은 그 감정을 길들임taming으로써 그 감정이 당신의 생활을 잠식하는 것을 막을 수 있다. 자신이 실제로 어떻게 느끼고 있는지 알지 못할 때 우리는 '감정적으로' 반응한다. 즉, 무의식적·반사적으로 반응하게 된다는 뜻이다. 하지만 감정을 구분하고 이름을 붙이는 것은 감정을 의식화하고 어떻게 반응할 것인지는 선택할 수 있게 하다. 이것이 곧 감정 조절이다.

감정을 제대로 다루기 위해서는 실제 느낌을 정확히 표현할 수 있는 다양한 감정 어휘를 가지고 있어야 한다. 다음에 제시한 목록을 참고하여 자신의 감정과 기분 상태를 좀 더 명확하게 표현하는 연습을 해 보도록 하자. 나 자신의 감정을 보다 정확히 표현할 수 있는 어휘가 늘어나면 자녀의 감정을 이해하고, 자녀의 감정 조절을 돕는 데에도 도움이 된다. 자녀와 대화하면서 감정을 표현하는 어휘 목록을 자녀의 연령에 맞추어 점차 늘려 나갈 수 있다.

느낌·기분·감정을
표현하는 말

| 욕구가 충족되었을 때 느낌 · 기분 · 감정을 표현하는 말 | | | | |
|---|---|---|---|---|
| 감격하다 | 놀랍다 | 상쾌하다 | 자랑스럽다 | 편안하다 |
| 감동하다 | 든든하다 | 신나다 | 자신 있다 | 편온하다 |
| 감사하다 | 따뜻하다 | 안도하다 | 자신에 차다 | 행복하다 |
| 고맙다 | 마음이 놓이다 | 안정되다 | 자유롭다 | 호기심 생기다 |
| 관심가다 | 마음이 열리다 | 애틋하다 | 재미있다 | 홀가분하다 |
| 기대되다 | 만족스럽다 | 열렬하다 | 짜릿하다 | 활기차다 |
| 기쁘다 | 믿음이 생기다 | 열정적이다 | 차분하다 | 황홀하다 |
| 긴장이 풀리다 | 반갑다 | 열중하다 | 충만하다 | 후련하다 |
| 날아갈 듯하다 | 벅차다 | 영광스럽다 | 친근하다 | 흥미가 생기다 |
| 놀라다 | 사랑스럽다 | 자극받다 | 침착하다 | 희망차다 |

| 욕구가 충족되지 않았을 때 느낌 · 기분 · 감정을 표현하는 말 | | | | |
|---|---|---|---|---|
| 걱정되다 | 답답하다 | 분하다 | 신경질나다 | 좌절스럽다 |
| 겁나다 | 당황하다 | 불안정하다 | 실망하다 | 지루하다 |
| 격분하다 | 막막하다 | 불안하다 | 싫증나다 | 지치다 |
| 곤란하다 | 망설여지다 | 불편하다 | 심술나다 | 질투하다 |
| 괴롭다 | 무기력하다 | 불행하다 | 외롭다 | 짜증나다 |
| 그립다 | 무관심하다 | 비관적이다 | 우울하다 | 초조하다 |
| 기죽다 | 무섭다 | 섭섭하다 | 의심스럽다 | 피곤하다 |
| 기진맥진하다 | 밉다 | 속상하다 | 절망스럽다 | 혼란스럽다 |
| 긴장되다 | 부끄럽다 | 슬프다 | 정신없다 | 화나다 |
| 깜짝 놀라다 | 부럽다 | 신경 쓰이다 | 조급하다 | 힘겹다 |

이름을 붙여 가면서까지 우리가 느끼고 자녀가 느끼는 '감정'을 알아야 하는 이유가 무엇일까? 이는 감정을 판단하고 '고치려고' 하지 않으면서 있는 그대로 인정하기 위해서이다. 우리가 상실로 인해 슬픔과 괴로움, 고통을 느낀다는 것은 그 자체로는 아무런 문제가 되지 않는다. 그 감정들을 고치려고 하는 것이 문제다. 특히 자녀의 감정에 대해 부모가 이것은 좋고 저것은 나쁘다고 판단해 버리고 '좋은 기분'만 느끼게 하려는 시도는 그 자체로 큰 문제일 뿐 아니라 아동 · 청소년의 발달 과정에서 지속적으로 부정

적인 영향을 남긴다. 또한 자녀가 부모에게 자신의 솔직한 경험
을 털어놓을 기회를 박탈한다. 감정은 그저 감정이다. 상실 경험
에 따라 '반드시 느껴야 하는' 또는 '느끼지 말아야 하는' 감정이란
없을뿐더러 느끼는 것 자체로 해가 되는 감정이란 없다. 우리는
아동·청소년이 '지금 느끼고 있는 것이 무엇인지' 그리고 '그것
에 대해잘못을 바로잡는 것이 아니라! 무엇을 할 것인지'를 알아야 한다.

## { 감정과 욕구의 관계 }

감정은 우리에게 어떤 욕구가 있는지, 그것이 충족되었는지 여부를 알려 주는 소중한 단서이다. 특히 상실을 애도하는 상황에서 아동·청소년이 느끼는 감정을 명확히 아는 것은 이들이 '잃은 것이 무엇인지'를 보다 잘 이해하도록 도와준다.

지호가 다섯 살 때 동생 지윤이가 태어났다. 지호는 평소 동생이 있는 친구들을 부러워해서 엄마, 아빠에게 "나도 동생을 낳아 주세요."라고 졸랐는데, 실제로 동생이 생길 거라고 하자 너무 기뻐했다. 지윤이가 태어나고 나서도 지호는 어딜 가든 지윤이 유모차에 꼭 붙어서 동생을 챙기고, 사람들에게 '내 동생'이라며 자랑을 했다. 그러던 어느 날 지호의 부모는 지호가 지윤이 팔을 몰래 꼬집는 것을 보고 몹시 당황해서 지호를 혼냈고 지호는 다시는 안 그러겠다고 약속을 했다. 그러나 부모가 없을 때, 안 본다고 생각했을 때 지호가 동생을 꼬집거나 때려서 울리는 일이 종종 일어났다. 부모는 난감했지만 지호의 마음을 이해해 보려고 노력했다. 지호가 자신이 느끼는 감정에 이름을 붙일 수 있도록 감정 그림카드를 활용해서 대화를 시도했다.

아빠: 지호가 엄마, 아빠가 없을 때 지윤이를 꼬집고 때렸는데, 그걸

보니까 지호가 지윤이한테 뭔가 화가 났나 하는 생각이 들었어.

(화난 표정의 그림 카드를 보여 주며) 맞니?

지호: 응, 화도 나고, 속상할 때도 있어. (우는 표정 카드를 집어 든다.)

아빠: 그렇구나. 화도 나고 속상할 때도 있구나. 지호는 어떨 때 속상해서 눈물이 나는데?

지호: 지윤이가 울 때 엄마, 아빠가 지윤이만 안아 주고 내가 지윤이 옆에 가도 나는 안 쳐다보고 지윤이만 달래 주잖아.

아빠: 그럴 때 속상했구나.

지호: 응, 엄마, 아빠는 지윤이만 사랑하고 나는 안 사랑하는 것 같아.

아빠: 그러니까 지호 말은, 지윤이가 울 때 엄마랑 아빠가 지윤이만 안아서 달래 주고 지호는 옆에 와도 안 쳐다보는 것 같을 때, 엄마랑 아빠가 지윤이만 사랑하는 것 같다는 생각이 들어서 속상하고 화가 난다는 거구나, 맞니?

지호: 응.

아빠: 엄마랑 아빠가 지호를 사랑하지 않는 것 같아서 엄마, 아빠한테 화가 났는데 지윤이에게 화풀이를 하고 있었구나. 아빠가 지호가 어떤 기분일지를 몰랐네. 그렇지만 동생을 꼬집거나 때리는 것은 안 돼.

지호: 응.

아빠: 혹시 다음에 지호가 또 엄마랑 아빠가 지윤이만 사랑하고 너는

사랑하지 않는 것 같다는 생각이 들어서 속상하거나 화가 날 때 지호가 엄마, 아빠에게 어떻게 알려줄 수 있을까? 그럴 때 지호는 엄마, 아빠가 어떻게 해줬으면 좋겠어?
(지호와 아빠는 감정이나 요청을 전달하는 방법에 대해 대화를 한다.)
그렇게 하면 지호는 엄마랑 아빠가 너를 여전히 사랑한다는 것을 알 수 있겠다는 말이지?

아버지가 지호의 감정이 무엇인지 알고 있는 그대로 인정해 주며 대화를 했을 때 지호가 '잃어버린 소중한 것'이 바로 외동으로 부모의 사랑을 독차지했던 지위라는 것을 알 수 있었다. 하지만 이미 동생이 태어나 버린 이상 지호가 다시 외동이 될 수 있는 방법은 없다. 상실은 있는 그대로 인정하고 받아들여야만 한다. 그러나 그 속상한 감정과 연결된 '엄마, 아빠의 사랑을 확신하고 싶은' 지호의 욕구를 알게 되면 부모는 그 욕구를 충족시킬 수 있는 다양한 방법들을 모색할 수 있게 된다. 지호와 아버지는 지윤이의 방해를 받지 않는 둘만의 시간을 따로 정해서 특별한 활동을 할 수도 있고, 지윤이를 달랠 때 지호에게 딸랑이를 흔들어 달라거나 조용히 노래를 불러서 아빠를 도와달라고 요청할 수도 있다. 느끼는 감정이 무엇인지 알면 그 감정과 연결된 욕구들을 알 수 있게 되고, 욕구들을 알아야 욕구를 충족시킬 수 있는 대안들

을 찾을 수 있게 된다.

그렇다면 어떻게 감정과 욕구를 연결할 수 있을까? 재희 어머니의 경우를 한번 생각해 보자. 직장에서 종일 힘든 업무와 씨름하다가 겨우 정시에 퇴근을 한 재희 어머니는 피곤한 몸으로 지하철을 두 번 갈아타고 집에 도착했다. 현관문을 열자마자, 재희의 옷과 가방이 소파에 던져진 채로 있고, 탁자에는 빈 과자 봉지와 주스 팩, 과자 부스러기들이 떨어져 있는 것이 보인다. 재희는 TV를 켜 놓은 채 비스듬히 앉아서 핸드폰으로 게임을 하느라 "엄마야?"라고 하며 엄마의 얼굴만 흘끗 보고 다시 게임과 TV로 눈을 돌린다. 당신이 재희 어머니라면 아이에게 어떤 반응을 할까?

어떤 상황에 대해 우리는 여러 가지 판단을 하게 된다. 그리고 우리가 내린 판단이나 해석에 따라 행동을 한다. 그렇기 때문에 마치 그 상황이 우리의 감정을 불러일으킨 직접적인 원인이라고 여기기 쉽다. 재희 어머니는 퇴근해서 오자마자 마주한 상황에서 어떤 기분이 들었을까? 우리의 기분은 우리의 해석과 판단에 달려 있다. 만약 재희 어머니가 '애가 이기적이라 부모 생각은 하나도 안 한다.' '집은 쓰레기장 같이 해 놓고 게임에만 빠져 있다.'고 판단한다면 아이에게 화를 내면서 그렇게 말을 할 것이다. 하지만 분노라는 감정 이면에는 다른 무엇이 있다. 예를 들어, 재희 어머니는 퇴근하자마자 빨리 저녁식사를 준비해야 한다는 데에 대한 부담과 조급함을 느끼는데 갑자기 집도 치워야 한다는 생각을 하니 맥이 빠지고 암담함을 느꼈을 수 있다. 재희 어머니가 자신의 감정을 좀 더 정확히 인식할 수 있다면 그것과 연결된 욕구가 무엇이었는지 알 수 있게 된다. "네가 어질러놓았기 때문에 화가 났다."가 아니라 "나는 너의 도움이 필요했기 때문에 지금 너무 힘이 든다."라고 말할 수 있게 된다. 지금 이 순간 나에게 필요한 것은 무엇인가? 채워지길 기대하는 욕구는 무엇인가? 그 욕구가 채워지면 우리는 편안하고 만족스럽고 안정적인 기분을 느끼게 된다. 욕구를 정확히 알아야 그 욕구와 필요를 채우기 위한 다양한 대안들을 고안할 수 있다.

자녀의 요구가 곧 욕구를 표현하는 것은 아니다. 오히려 그 욕

**[ 함께하기 ]**

다음의 표에 내가 자녀에게 주로 하는 말들을 적어 본다. 그 이면에 어떤 욕구가 있는지 생각해 보고 나의 감정과 욕구를 중심으로 "나는 ~이 필요하기 때문에 …라고 느낀다."라는 문장으로 다시 적어 보자.

- 예시
- 내가 주로 하는 말: 하루 종일 엄마, 엄마. 엄마 좀 그만 불러!! 나도 좀 혼자 있자!
- 이면의 욕구: 평안
- 다시 말하기: 나는 혼자 조용히 <u>쉬는 시간</u>이 필요하기 때문에 답답하고 <u>초조함</u>을 느낀다.

|   | 내가 주로 하는 말 | 이면의 욕구 | 다시 말하기 |
|---|---|---|---|
| 1 | | | 나는 _____이 필요하기 때문에 _____을 느낀다. |
| 2 | | | |
| 3 | | | |
| 4 | | | |
| 5 | | | |

자녀의 감정과 욕구를 이해하고 싶다면 부모인 내가 나의 감정과 욕구를 알고 말로 표현하는 방법을 '먼저' 배우고 익혀야 한다.

구를 충족시키기 위한 자기만의 방법을 말하는 경우가 많다. 예를 들어, 수학 문제를 풀던 아이가 "게임하고 싶다."라고 말하는 이면에는 '공부를 그만하고 잠깐 쉬고 싶다.'라는 욕구가 있을 수 있다. 엄마와 같이 안 가면 화장실에 못 가겠다고 말하는 이면에는 '안전하다는 확신을 갖고 싶다.'는 욕구가 있을 수 있다. 앞에서 살펴본 지호의 경우, "동생이 없었으면 좋겠다."는 말의 이면에는 엄마와 아빠의 사랑이 변함없다는 것을 확신하고 싶다는 욕구가 있었다. 표현한 요구나 소원이 진정한 의미의 욕구는 아니다. 욕구를 충족시키는 데에는 다양한 방법이 있다. 하지만 자녀의 욕구를 명확히 알지 못하면 자녀의 말이나 요구에만 초점을 맞추어 갈등을 겪기 쉽다. 자녀의 욕구를 명확히 인식하게 되면 부모는 그 욕구를 충족시키는 다양한 방법을 자녀와 함께 찾거나 제시해 볼 수 있다.

 "자녀의 욕구를 모두 채워 줘야 하는가?"라는 부모들의 질문을 종종 받는다. 자녀의 욕구는 모두 즉각 충족되어야만 할까? 욕구를 인정해 주는 것은 필요하지만, 매번 자녀의 욕구에 응하거나, 욕구를 채우기 위해 아동이 사용하기 원하는 전략들, 즉 요구를 모두 수용할 필요는 없다. 욕구를 그 자체로 인정해 주는 것이 중요하다. 욕구를 즉시 충족시켜 주는 것이 어려울 경우에라도 말로 분명하게 욕구를 인정해 주고 나서 왜 자녀의 요구에 응할 수 없는지를 설명해 준다. 그럴 때 아이들은 부모가 자신을 이해했다고 느끼게 된다.

이것은 상실을 애도하는 아동·청소년의 경우에 더욱 중요하다. 우리가 사는 현실에서 상실은 자연스럽고 보편적이며 피할 수 없는 경험이다. 많은 경우 상실은 다시 되돌려질 수 없다. 상실한 대상을 되돌리는 것이 욕구라면 그것은 충족되기 어렵다. 그렇지만 아동·청소년이 느끼는 감정과 욕구를 명확히 알수록 우리는 다양한 대안들을 찾을 수 있으며, 이들이 상실 이후의 삶에 건강하게 적응하도록 도울 수 있다.

자녀: 라떼(죽은 강아지)를 데리고 오란 말이야!

부모: 라떼가 몹시 그립다는 말로 들리는데, 맞니? 라떼가 없는 것은 우리도 너무 슬프지만 죽음을 되돌릴 수는 없단다. 하지만 우리가 라떼와 보냈던 즐거운 일들을 기억할 수는 있지. 어떤 일이 기억 나니?

자녀: 엄마(이혼 후 따로 사는) 안 보고 살 거야.

부모: 엄마에게 화가 많이 났다는 말로 들리는데, 맞니? 지금은 너무 화가 나고 속상해서 만나거나 서로 얘기하는 것도 싫을 정도구나. 그럴 수 있지. 엄마의 어떤 행동에 화가 났는지 얘기해 줄래?

자녀: 입학 시험에서 떨어졌으니 난 가치가 없어요. 죽고 싶어요.

부모: 기대한 만큼 점수가 나오지 않아서 네 자신에게 많이 실망했다
는 말로 들리는데, 맞니? 입학 시험을 통과하지 못해서 절망적
이라고 느끼는 것 같구나. 입학 시험에 통과한다는 것이 너에게
는 어떤 의미니?

1부에서 아동·청소년이 상실과 관련하여 느끼는 불안, 두려
움, 화, 분노, 수치심과 죄책감과 같은 감정들에 대해 살펴보았
다. 이 외에도 아동·청소년은 많은 감정을 느낀다. 감정은 바닷
물처럼 밀려왔다 밀려가기 때문에 우리는 수시로 변하는 다양한
감정을 경험한다. 하지만 성인들의 반응, 가족의 분위기, 사회문

화적인 기대 때문에 어떤 감정들은 억누르고 무시하게 되는 경우가 많다. 감정은 현재 우리의 어떤 욕구가 채워질 필요가 있는지를 알려 주는 중요한 단서가 된다. 애도 과정에 있는 아동·청소년이 자신의 감정을 자유롭게 느끼고 표현할 수 있도록 하는 것은 매우 중요하다. 상실의 상처로부터 회복해 가기 시작하면서 상실의 대상을 떠올릴 때 모든 범위의 감정을 다시 느끼는 것이 가능해진다. 우리는 아동·청소년이 자신의 감정들을 자유롭게 느끼고 그것이 무엇인지 명확히 알고 표현하도록 대화함으로써 건강한 애도가 이루어지도록 돕게 된다.

# [ 참고: 욕구 목록 ]

상실을 경험한 아동·청소년이 보이는 다양한 행동들은 감정에 대한 반응으로 나타난다. 그리고 그 감정들은 욕구와 관련이 있다. 앞에서 살펴보았듯이, 욕구가 충족되면 기분 좋은 감정들에서 오는 온전함을 느낄 수 있고, 반대로 욕구가 충족되지 않으면 불쾌하거나 불만족스러운 감정들을 느끼게 된다. 감정을 아는 것은 순간순간 우리가 갖게 되는 소망, 욕구, 필요 또는 바람이 무엇인지를 인식하게 해 주기 때문에 중요하다.

▷ 욕구 목록

| 신체적 생존 | 공기, 음식, 물, 주거, 휴식, 수면, 안전, 신체적 접촉, 성적 표현, 따뜻함, 편안함, 돌봄을 받음, 보호받음, (생존과 안전을 위한) 의존, 자유로운 움직임, 운동, 건강 등 |
|---|---|
| 자율성 | 자신의 꿈·목표·가치관을 선택할 수 있는 자유, 꿈·목표·가치관을 실현할 수 있는 방법을 선택하는 자유 |
| 사회적·정서적 상호 의존 | 봉사, 친밀한 관계, 유대, 소통, 연결, 배려, 존중, 공감, 이해, 수용, 지지, 협력, 도움, 감사, 인정, 승인, 사랑, 애정, 관심, 호감, 우정, 나눔, 소속감, 공동체, 안도, 위안, 신뢰, 확신, 정서적 안전, 일관성, 안정성, 정직, 진실, 예측 가능성 등 |
| 놀이, 재미, 휴식 | 쾌락, 흥분, 즐거움, 웃음, 유머, 자극, 도전, 편안함과 이완 |
| 축하와 애도 | 생명의 탄생이나 꿈의 실현에 대한 축하, 사랑하는 사람이나 꿈의 상실에 대한 애도 |
| 조화와 균형 | 아름다움, 질서, 평화, 평등, 상호성, 영감, 교감, 영성 |
| 온전함 | 진정성·개별성의 존중, 창조성, 의미·보람, 자기 신뢰, 자기 존중 |

| 의미와 효율성 | 기여, 능력, 목적 있는 활동, 일, 성장, 유능함, 자신감, 자기표현, 발견, 회복, 깨달음, 효능감, 기념, 참여, 주관, 희망 |
|---|---|
| 자기실현 | 성취, 배움, 생산, 성장, 창조성, 치유, 숙달, 전문성, 목표, 가르침, 자각, 이해, 의식 |

출처: Rosenberg (2020), pp. 106-107.

여기서 제시한 욕구 목록은 모든 사람들이 보편적으로 가지고 있는 욕구들이다. 여기에는 모든 욕구들이 다 포함되어 있지는 않다. 하지만 성인 자신과 아동·청소년의 충족된 또는 좌절된 욕구가 무엇인지 이해하는 데 도움이 될 수 있다. 잊지 말아야 할 것은 우리가 가진 욕구와 그 욕구를 충족시키기 위해서 하는 행동들은 다르다는 사실이다. 욕구가 무엇인지 명확히 알고 나면 그 욕구를 충족시키기 위한 다양한 대안을 찾아볼 수 있다.

# 적응을 위해 예측 가능하고 안정적인 환경을 만든다

일곱 살 단비는 틱과 분리불안이 있어서 어머니와 떨어지는 것을 힘들어했다. 단비는 유치원에서는 행동이 바르다는 칭찬도 듣고 친구들에게 많이 맞추며 싫은 감정을 잘 표현하지 않지만, 집에서는 어머니에게 심하게 짜증을 내고 소리를 지르고 심지어 어머니를 때릴 때도 있다. 어머니의 표현에 따르면 "깡패도 이런 깡패가 없다."

이혼 후 단비를 혼자 양육하는 것이 어려워지자, 단비 어머니는 부모님과 합가를 하고 새로운 동네로 이사를 했다. 어머니는 단비가 옛날의 나쁜 기억은 다 잊고 새로운 환경에서 다시 시작하기를 바라는 기대가 있었다. 단비가 새 동네, 새 유치원에 잘 적응하고 초등학교 들어가기 전에 친구라도 사귀길 바라는 마음에 피아노 학원과 수영 학원에 등록을 했고, 친구들과 놀 수 있는 기회를 많이 마련해 주었다. 하지만 단비는 친구들이 자기 마음에 들지 않게 행동할 때, 싫다거나 하지 말라고 하거나 또는 직접 원하는 것을 말하지 못했다. 대신 옆에서 기다리고 있던 어머니나 할머니에게 소리를 지르거나 난폭하게 대해서 친구들과 그 부모들이 함께 있는 것을 꺼리며 떠나게 만들었다.

단비의 부모는 단비가 일곱 살 되던 해 초에 이혼을 했다. 그 전부터 부모는 자주 싸웠고 싸울 때마다 이혼 얘기를 하기는 했지만, 단비는 부모님이 실제로 헤어지게 될 줄은 몰랐다. 이혼이 일사천리로 이루어졌지만 부모 중 누구도 단비에게 이혼에 대해 명확히 말해 준 적은 없으며, 그저 "아빠가 일 때문에 우리와 살지 못한다."라고만 이야기를 했다. 부모는 이혼을 했다고 말을 하면 단비가 충격을 받을까 봐 말하지 못했다.

면접교섭권을 가진 아버지는 한 달에 두 번, 2 · 4주 주말에 만나기로 했는데, 시간이 지날수록 아버지 일정에 따라 변경이 생기기도 하고 못 만나게 되기도 했다. 어머니는 가급적 전 남편과는 연락을 하고 싶지 않아서 면접 일정이 문제가 되더라도 미리 연락해서 확인하지 않고, 연락이 올 때까지 기다렸다가 만남이 무산되면 화를 내는 일이 빈번했다.

단비 어머니는 계획한 대로 열심히 살아온 인생에 이혼이라는 오점이 생겼다고 여겼다. 또한 단비를 잘 양육하지 못한다고 느끼면서 부모로서의 효능감과 자신감이 매우 낮은 상태였다. 바쁘게 직장 일을 하면서도 퇴근하자마자 달려와서 단비와 놀아 주고 아빠의 빈자리를 못 느끼게 하려고 애를 쓰지만, 단비의 행동은 점점 엉망이 되는 것 같아서 우울하고 화도 났다. 양육자로서 느끼는 문제를 다루고 싶다며 개인 상담을 신청한 단비 어머니와의 상담에서는 이혼 경험과 그와 관련된 생각과 정서를 다루면서 단비와의 관계에서 어머니가 해야 할 작업들을 점검해 갔다.

우선 어머니가 단비의 경험을 이해하는 것을 돕기 위해 이혼 가정을 소재로 한 동화들을 함께 읽고 주인공들의 마음을 추측해 보았다. 어머니가 자녀들이 부모의 갈등과 이혼을 어떻게 경험하는지를 충분히 이해했을 때, 단비에게 부모의 이혼에 대해 어떻게 전달할지를 의논하고 상담자와 함께 메시지를 작성했다. 그리고 그 메시지를 언제 어떻게 단비에게 이야기할 것인지, 그리고 메시지 전달 후 예상되는 단비의 반응과 걱정되는 점들에 대해 이야기를 나누었다. 이런 일련의 과정을 통해 어머니는 부모, 즉 성인들의 문제로 인해 단비가 피해를 입거나 상처를 받게 되는 것을 막기 위해 자신과 전남편이 협력해야 함을 인식하게 되었다. 여전히 전남편에 대한 해결되지 않은 분노나 원망이 있지만 단비를 위해 의사결정을 할 때 그런 분노들이 어머니의 결정에 영향을 미치지 않도록 하는 방법에 대해 의논을 했다.

어머니는 연습한 대로 단비에게 이혼에 대해 말할 수 있었는데, 단비가 잘 알아들어서 오히려 놀랐다고 했다. 단비는 "그러니까 나는 앞으로 계속 엄마랑 외할머니, 외할아버지랑 살고, 아빠는 한 달에 두 번, 토요일에 만날 수 있다는 거지? 내가 아빠가 많이 보고 싶을 때는 아빠한테 전화할 수도 있고. 예전처럼 엄마와 아빠, 나 이렇게 같이 살지는 못하지만 만나고 놀 수 있다는 거잖아. 그럼 아빠 집에서 자고 와도 돼? 엄마, 아빠랑 다 같이 놀이공원 가는 것은?" 단비 어머니는 어렵지만 꼭 필요했던 얘기를 단비와 나눈 것 같다고 했다. "단비가 상처받을까 봐 비밀로 했던 건데, 오히려 말하고 나니까 서로 자유롭고 편해진 것 같아요. 아마 저나 남편이 말을 하지 않았을 때도 단비가 알고 있었던 것 같아요. 부모가 말을 못하니까 단비도 아무 것도 묻지 못하고 더 걱정했을 것 같더라고요."

상담을 통해 단비 어머니는 자신이 지키고자 하는 것이 단비의 안정감, 안전하다는 느낌이라는 것을 확인했다. 어머니가 자신의 욕구와 목적을 분명히 인식하고 나자 그동안 꺼렸던 전남편과의 대화를 먼저 시도할 수 있었고, 의논하고 결정해야 할 것들에 대해 비교적 차분하게 이야기할 수 있게 되었다. 전남편과 단비가 만나는 날과 그날의 일정은 어른들 사이에 미리 논의되었고, 어머니가 단비에게 일어날 일에 대해 미리 이야기를 해 줄 수 있었다. 단비의 초등학교 입학식이 다가오자 어머니는 누가 어떤 식으로 행사에 참석하고, 입학식이 끝나면 어떤 일을 하고 싶은지 단비와 먼저 이야기를 나누었고, 단비의 바람을 전남편과 의논하여 일정을 정할 수 있었다. 앞으로 일이 어떻게 진행될지를 알게 되자 단비의 불안은 많이 줄어들었다. 자신이 적극적으로 관여하여 일어날 일을 계획하고 추진하는 과정을 통해 어머니는 부모로서의 효능감을 회복하게 되었다. 어머니와 단비는 예측할 수 없는 상황에 압도당하기보다는 자신이 어느 정도는 그것을 조절하고 통제할 수 있다는 감각을 갖게 되면서 변화와 위기에 대응할 수 있는 다양한 대안을 발견할 수 있게 되었다.

가까운 사람의 죽음이나 부모의 이혼, 자연 재해나 사고 등으로 인한 안전한 환경의 손상 등을 경험한 아동·청소년이 상실로 인해 겪는 변화에 적응하도록 돕는 것은 매우 중요하다. 그렇지 않을 경우 아동·청소년의 건강한 발달은 상실의 시점에 멈추어서, 몸은 자라고 나이는 먹지만 '성장'이 이루어지지 않은 채로 남아 있게 된다. 자녀가 상실을 애도하고 삶에 재적응하는 과정을 잘 도우려면 부모가 반드시 기억해야 할 점이 있다. 어떤 특정한 상실이 자녀에게 가져올 어려움들이 무엇인지 예측하고, 이러한 문제들이 자녀에게는 어떤 의미가 있는지를 이해했을 때 비로소 자녀에게 효과적으로 반응할 수 있다는 사실이다.

상실은 삶의 여러 측면에 변화를 가져온다. 소중한 대상을 잃어버리는 것 자체도 견디기 힘든 일이지만 그 상실로 인해 자신에게 익숙한 주변 환경이 바뀌므로 앞으로 자신의 일상이 어떻게 될지 염려하는 것이 당연하다. 그러나 아동 · 청소년의 경우 인지 발달이 충분히 이루어지지 않아 추론능력이 부족하거나 경험이 많지 않으므로 앞으로 일어날 상황에 대해 예측하지 못해서 더 많이 걱정하고 불안해할 수 있다. 그러므로 아동 · 청소년에게 가장 중요한 것은 상실 이후에도 자신의 일상이 방해받지 않고 진행될 것에 대한 확신이다. 누가 때 맞춰서 밥을 주고 등교 준비를 도와주는지, 누가 놀아주는지, 집에 올 때는 누구와 같이 오는지, 급식 시간이나 이동수업 시간에 누구와 가는지 등, 자녀가 일상생활에 대해 가지고 있는 걱정과 불안을 줄여 주는 것이 필요하다.

앞서 제시한 사례에서 부모의 이혼으로 생활환경에 급격한 변화를 경험하게 된 단비에게 가장 중요한 것은 안정감의 회복과 적응이라 할 수 있다. 부모의 이혼으로 엄마, 아빠와 동시에 함께하지 못하게 된 일상의 변화는 단비의 삶에 영향을 주는 사건이므로 적응을 위한 시간과 도움이 필요하다. 바쁘게 움직이고 많은 일을 하는 것은 상실로 인한 고통에 주의를 기울이지 못하도록 자신을 분산시키는 것이다. 그 과정에서 상실과 관련해서 느껴지는 감정을 자연스럽게 경험하는 대신에 감정을 억압하게 될 가능성이 높다. 상실을 겪은 사람이 아무 일도 없었다는 듯이 원래의 삶으로 되돌아가는 것은 쉬운 일이 아니다. 왜냐하면 상실로 인해서 큰 혼란스러움을 경험하고 있기 때문이다. 상실로 인한 변화를 받아들이고 이에 적응하는 것은 매우 중요하다.

일상으로 돌아가기 전에 해야 할 일은 자신에게 일어난 일이 무엇인지 알고 그 일에 대해 이해하는 것이다. 하지만 부모들은 자녀가 이사나 전학으로 익숙한 환경과 친구와 헤어지는 상실의 경험 후에 우울할까봐 걱정을 한다. 그래서 이사를 하자마자 학원이나 과외 활동에 등록시키거나 빨리 새 친구들을 만들어야 적응을 잘한다며 놀이 친구들을 만들어 주느라 애를 쓴다. 상실의 경험을 잘 다루는 방법 중 하나는 익숙한 것에서의 변화를 애도하는 것이다. 상실은 잃어버린 그 대상 하나에 국한된 일이 아니다. 그 대상의 상실로 인해 삶의 전반적인 영역에서 상당한 변화가 일어난다. 여기에 또 다른 변화를 가중시키는 것은 지혜롭지 못한 선택이다. 그러므로 상실 경험에 잘 대처하기 위해서는 생활환경이 보다 안정적이고 예측이 가능하도록 새로운 질서routine를 정하는 것이 중요하다.

# [ 참고: 자녀에게 이혼에 대해 말하기 ]

이혼을 하려는 부모가 당면하는 어려움 중 하나는 바로 자녀에게 부모의 별거나 이혼에 대해 말하는 것이다. 부모의 이혼은 자녀의 미래에 영향을 미치기 때문에 부모뿐 아니라 자녀에게도 아주 민감한 문제이다. 특히 부모의 별거나 이혼을 아무 준비 없이 경험하는 아동의 경우 분리불안이 생기기 쉽다. 이혼의 모든 단계마다 무슨 일이 일어날 것인지 미리 말해 주는 것은 아동·청소년이 부모의 이혼이라는 상실을 잘 견디는 데에 도움이 될 수 있다.

**언제 말할까?**    이혼에 관한 대화는 부모가 확실히 이혼을 결정하고 부모 중 한쪽이 이사를 나가는 날이 정해졌을 때 시작할 수 있다. 부모가 자녀와 함께 앉아서, 즉 제외되는 사람 없이 모든 가족이 있을 때 하는 것이 좋다. 특히 자녀가 마음의 준비를 할 수 있도록 한쪽 부모의 이사 일주일이나 열흘 전에는 부모가 이사하는 것에 대해 자녀에게 미리 알려 주어야 한다. 하지만 이혼에 대한 대화는 한 번으로 끝나게 되지는 않는다. 자녀가 충분히 이해하고 받아들일 수 있도록, 자신의 의혹이나 궁금증에 대해 언제든 부모에게 자유롭게 물을 수 있는 분위기를 만드는 것이 좋다.

**무엇을 말할까?**    우선 자녀에게 앞으로 무슨 일이 생길 것인지를 알려 준다. 부모는 이혼을 하기로 결정했고 앞으로 같이 살지 않을 것이지만, 자녀에게는 언제나 엄마, 아빠라는 사실에는 변함이 없을 것이다. 이혼은 부모의 문제이며 자녀의 평소의 잘잘못이 부모의 이혼 결정과는 아무 관련이 없다는 사실을 명확히 설명해 준다. 또한 자녀는 부모 중 누구와 살게 되는지, 다른 쪽의 부모와는 얼마나 자주 만나고 언제 연락할 것인지를 결정해서 알려 준다. 부모의 이혼으로 가족 각자가 큰 변화를 경험하겠지만 부모는 모두가 이 과정을 잘 지나갈 수 있도록 최선을 다해 협력할 것이라는 점을 말해 준다. 부모 이혼으로 인한 환경 변화에 적응하기 전에 먼저 자신과 가족에게 어떤 일이 일어날 것인지, 어떤 변화를 받아들여야만 하는지를 아는 것은 매우 중요하다.

자녀에게 이혼에 대해 처음 이야기를 나누는 것은 힘들고 고통스러운 일이다. 그래서 많은 부모들이 자녀에게 이혼에 대해 말하는 것을 피한다. 하지만 부모가 설명해 주지 않으면 아이들은 자기 나름의 설명을 만들어 낸다. 그러나 이것은, 앞에서 살펴본 바와 같이, 아동·청소년이 가진 자기중심적인 사고 특성으로 인해 자기비난적인 잘못된 추론을 만들어 내므로 분리불안뿐 아니라 이후 이들의 성장과정에서 여러 가지 문제들을 일으킬 가능성이 있다. 따라서 자녀가 이해할 수 있도록 연령에 적합한 언어와 표현으로 이혼과 관련해 앞으로 일어날 일과 예상할 수 있는 일에 대해 명확하게 전달하는 것이 중요하다.

함께 살지 못하는 한쪽 부모와의 통화나 만남은 미리 계획하여 규칙적으로 이루어져야 하며, 자녀는 부모를 언제 어디서 만날 수 있는지에 대해 미리 알 필요가 있다. 가급적 정해진 면접일을 지키는 것이 중요하다. 부모가 가변적인 상황을 만들어서 자녀가 혼란스럽고 실망하도록 하지 않아야한다. 부모의 이혼을 경험하는 아동·청소년이 심리적 안전감을 유지하는 데에는 예측 가능성 중요하다. 다른 상실 경험들과 마찬가지로 이혼 역시 인생에서 상당히 많은 변화를 초래한다. 그러므로 이와 같은 변화에 잘 적응하도록 하기 위해서는 아동·청소년이 통제감을 갖는 것이 중요하다.

"초등학교 예비 소집일에 다녀오더니 단비가 계속 학교에 가기 싫다고 울면서 짜증을 내더라고요. 어떤 점이 싫은지 물어봤더니 학교가 너무 커서 길을 잃어버릴 것 같다는 거예요. 무섭대요. 저도 막막했죠. 하지만 단비의 감정을 이해하고 공감해 주려고 했어요. '처음 가는 곳은 낯설기 때문에 헤맬까 봐 걱정될 수도 있다.'고 말해 줬죠. 그러다가 '어떤 일이 일어날지 미리 알면 덜 불안할 것 같다'는 생각이 들었어요. 그래서 학교 평면도를 구해서 단비와 미리 보았고요, 집에서는 거실 바닥에 종이 테이프를 붙여서 운동장, 계단, 도서관, 1학년 교실, 화장실을 표시하고 찾아가기 놀이를 했어요. 처음에는 '교문에서 음악실을 찾아가시오.'부터 시작해서 점점 놀이가 복잡해졌어요. '화장실에 들렀다가 도서관에서 책을 두 권 빌려서 교실까지 가시오.' 이렇게 같이 노니까 단비가 재미있다고 좋아하더라고요. 단비가 등교하고 뭘 했는지 아세요? 교문부터 교실까지 가는 자기만의 지도를 만들었어요. '엄마, 처음에는 잘 몰라도 내가 몇 번 가 보고 지도를 만들면 길 안 잃어버릴 것 같아요. 학교 안에서는 어디든지 찾아갈 수 있을 것 같아요. 그리고 길 몰라도 돼요. 선생님에게 물어보면 데려다주신다고 했어요.' 이러더라구요. 단비, 이제 다 큰 것 같아요."

상실을 애도하는 과정에서 중요한 것은 무엇이 일어났는지를 알고 어떤 변화를 받아들여야 하는지를 명확히 하는 것이다. 건강한 애도는 상실로 인한 슬프고 괴로운 감정이나 무기력한 상태에서 빨리 마음이 변화하는 것에 초점을 두지 않는다. 오히려 변한 환경에 대한 적응을 촉진한다. 우리가 소중한 대상을 잃고 슬퍼하는 것은 모든 관계가 독특하므로 그것이 다른 어떤 것으로도 대치되지 않는다는 사실 때문이다. 독특하고 의미 있는 관계가 사라지면 우리는 익숙한 것들에서 변화를 겪을 수밖에 없는데, 아무렇지 않게 원래의 삶으로 되돌아가는 것은 어려운 일이다. 그러므로 무엇이 어떻게 달라졌는지를 이해하고 받아들일 수 있어야, 즉 빈 자리를 포함한 삶의 환경을 인정할 수 있어야 그곳에 적응할 수 있는 것이다.

---

부모의 이혼이라는 상실을 경험한 단비의 적응을 돕기 위해서 상담자와 어머니가 함께 했던 작업들을 소개하면 다음과 같다.

1. 부모의 이혼에 대해 다룬 동화책을 함께 읽고 주인공들의 경험에 대해 이야기를 나누며 단비 어머니가 아이의 기분, 생각, 바람을 상상해 보고 이해하도록 했다. 우리가 함께 읽은 책은 다음과 같다.
   『아빠는 지금 하인리히 거리에 산다』(이지연 역, 아이세움, 2001)
   『특별한 손님』(허은미 역, 베틀북, 2005)
   『따로따로 행복하게』(고정아 역, 보림, 2008)
2. 부모의 이혼에 대해 명확하게 전달하기 위해 상담자와 어머니는 어떤 내용을 꼭 포함시켜야 할지를 정했다. ① 이혼은 부모의 문제이며 단비가 잘하고 잘못하고는 부모의 이혼 결정과 관련이 없다. ② 부모는 부부로서 서로 사랑하지 않게 되었고 함께 살지 않기로 결정했으며, 이 결정은 번복되지 않을 것이다. ③ 단비에 대한 사랑, 부모로서의 역할은 변함이 없다. ④ 단비는 앞

으로 엄마와 살게 되고 아빠와는 한 달에 두 번 만나게 된다. 앞의 내용을 포함하는 메시지를 작성해 보고 상담자와 어머니가 역할극을 하며 단비에게 말하는 연습을 했다.

3. 단비의 일정을 단순화했다. 여러 가지 방과 후 활동 중 단비가 동의하고 합의한 것만 참여하도록 조정했다.

4. 이전 동네 친구들과 연락을 지속하고 만나서 놀 수 있는 시간을 마련했다.

5. 누가 무엇을 어떻게 도와주고 챙겨 줄 것인지를 정했다. 유치원 등하원은 할머니와 함께 하지만 화요일, 목요일에는 늦게 출근하는 엄마가 함께하기로 했다. 간식을 사러 편의점에 가거나 자전거를 타러 갈 때는 할아버지가 함께하고, 격주 토요일마다 아빠와 만나는데, 최소한 3일 전에는 무엇을 할 것인지 아빠와 의논을 해서 정하기로 했다. 특히 아빠를 만나는 면접권과 관련해서 단비가 부모의 갈등에 끼지 않도록, 일정 조정이 필요한 경우에는 부모가 먼저 대화하기로 했다.

6. 기념일은 어떻게 보낼 것인지, 특별한 행사에는 누가 참석할 것인지, 계획에 변경이 생길 때는 어떻게 할 것인지에 대해 어머니와 단비가 대화를 나누고 정하도록 했다.

7. 상담자와 어머니는 단비 아버지를 어느 정도로 의사 결정에 포함시킬지, 어머니가 제안했을 때 단비 아버지의 반응이 어떨지, 어머니가 걱정되거나 꺼려지는 점은 무엇인지, 단비의 입장에서는 어떻게 느낄지 등에 대해 대화를 나누었다.

상실로 인한 환경의 변화에 익숙해지고 잘 적응하기 위해서는 충분한 시간이 필요하다. 무슨 일이 일어났는지, 그리고 무슨 일이 어떻게 일어날지에 대해 미리 정보를 갖는 것이 중요하다. 아이뿐 아니라 상실 이후 자녀의 적응을 도와야 하는 부모 역시 삶에 대한 통제감을 다시 회복하는 것이 필요하기 때문이다.

# Part 3

## 건강하고 적응적인
## 애도를 돕기 위한 활동들

감정을 알고 표현하는 것을 돕는 활동

상실한 대상에 대한 기억을 나누는 활동

다양한 대처 방법을 찾기 위한 활동

새로운 의미 부여를 돕는 활동

아동·청소년의 경우 상실과 애도 과정을 어떻게 다루어가는 지가 결국 그들의 정체성을 만드는 데 영향을 미치므로 성인의 상실과 애도 경험 이상으로 중요하다. 그러나 아동·청소년의 인지적·정서적 발달이 아직 진행 중에 있으므로 자신의 생각이나 감정이 무엇인지 명확하게 인식하지 못하거나 어떻게 해결해야 하는지를 알지 못해서 더 큰 혼란과 어려움을 겪을 수 있다. 슬픔과 혼란, 그리고 앞날에 대한 불안을 경험하는 아동·청소년이 건강하게 애도 과정을 완결해 가도록 돕기 위해 부모나 돌봄 제공자가 해야 하는 역할은 바로 '상실로 인해 슬프더라도 너/우리의 삶이 계속 유지될 것'이라는 확신을 전달하는 것이다. 소중한 대상이 사라진 세상은 이전과 같지 않고, 상실을 경험한 나는 이전의 나와는 다르다. 하지만 이전과는 같지 않은 세상에서 이전과는 다른 내가 여전히 '나'의 삶을 지속해 갈 수 있도록 적절한 도움을 받는 것은 매우 중요한 일이다.

부모나 돌봄 제공자가 아동·청소년의 애도 작업을 돕기 위해서는 우선 상실한 것이 무엇인지를 파악하고, 그 상실과 관련해서 이들이 보이는 반응이 무엇인지 구분해야 한다. 그리고 아동·청소년의 인지적·정서적·행동적 발달 수준을 고려해서 도움을 줄 수 있는 방법을 모색해야 한다. 3부에서는 다양한 상실을 경험하는 아동·청소년의 애도 작업을 도울 수 있는 활동들을

소개하고자 한다. 각 활동은 앞에서 살펴보았듯이 아동·청소년
의 애도 작업에 꼭 필요한 다음의 요소들에 중점을 두고 고안되
었다.


- 상실과 관련하여 자신이 느끼는 감정들이 무엇인지 알기
- 자신의 감정을 설명하고 표현하기
- 상실한 대상에 대한 기억을 자유롭게 나누기
- 상실로 인한 변화들에 대처할 수 있는 방법 찾기
- 상실 경험에 대한 새로운 의미 부여하기


# 감정을 알고 표현하는 것을 돕는 활동

### 감정 낱말 카드

줄이 없는 인덱스 카드 또는 다양한 색깔의 종이를 적당한 크기
10cm×8cm로 오려 둔다. 준비된 카드에 다양한 감정 어휘들을 인쇄해
서 붙이거나 손으로 직접 쓴다. 연령이 어린 아동들의 경우, 다양한
표정의 동물이나 사람 얼굴 그림이나 사진을 붙이고 아래에 감정
낱말을 써서 준비한다. 청소년의 경우, 함께 사전을 찾아서 잘 모르
는 감정 낱말의 뜻을 적도록 한다(pp. 130~131 '느낌·기분·감정을 표현하는 말' 참고).

• 자녀와 일상 대화를 할 때 사용한다. 감정 낱말 카드를 사용
해서 자신의 기분을 표현해 보고, 다른 사람의 기분을 추측
해 보기도 한다.

• 동화나 영화를 보고 특정 장면에서 멈춘 후 등장인물의 현재
기분을 표현해 보도록 한다.

• 거실이나 식탁 옆에 큰 보드를 붙이고 가족의 이름을 쓴다.
저녁 시간에 가족이 모여 오늘 있었던 일 중 한 가지를 소개
하고 그때 느낀 자신의 기분을 붙인다.

• 내일 자신이 느끼고 싶은 기분 또는 다른 가족에게 선물로
주고 싶은 기분을 붙여 준다. 어떨 때 상대방이 그런 기분을
느낄 수 있을지 이야기를 나눠 본다.

**감정을 나타내는 그림 그리기 또는 사진 찍기**

감정 낱말 카드에서 하나를 뽑아서 각자 간단한 그림으로 그 감정을 표현하거나, 그 감정을 잘 표현한 장면을 사진으로 찍어서 서로 대화를 나눈다.

**내 마음을 맞춰봐**

10cm×8cm 크기의 종이두 가지 색상으로 각각 20장씩과 연필을 준비한다. 각자가 특정한 상황 5개씩 적고, 종이를 접어서 한 곳에 모은다. 감정 낱말 카드에서 뽑은 단어 10~20개를 다른 종이에 적고, 종이를 접어서 다른 곳에 모아 둔다.

○ 예

상황: 열심히 만든 케이크를 옮기다 떨어뜨렸다.

학교 가는 길에 어제 싸운 친구를 만났다.

갖고 싶던 장난감을 선물로 받았다.

시험 문제가 너무 어렵다.

감정: 놀라다, 기쁘다, 만족스럽다, 사랑스럽다, 자랑스럽다, 우울하다, 겁나다, 깜짝 놀라다, 무섭다, 신경질이 나다…… 등

한 명씩 돌아가며 상황 카드와 감정 카드의 더미에서 각 한 장씩 뽑아예: 케이크를 떨어뜨렸다 / 만족스럽다 지시 사항을 표정과 몸짓으로만 표현하고 다른 사람이 맞추도록 한다. 이 활동을 통해 감정과 일치된 비언어적 표현이 무엇인지 생각해 볼 수 있고, 다른 사람을 잘 관찰해서 상대의 감정을 유추해 보는 연습을 할 수 있다. 어떤 상황에는 어떤 감정을 느끼거나 느끼지 말아야 한다는 공식은 없다. 하지만 특정 상황에서 나와 다른 사람이 느낄 수 있는 감정에 대해 서로 이야기 나누며 이해의 폭을 넓힐 수 있다.

### 걱정의 벽    기쁨의 벽

집의 빈 벽 한 곳을 반으로 나눠서 한쪽은 '걱정의 벽', 다른 쪽은 '기쁨의 벽'으로 정하고 다양한 크기와 색깔의 포스트잇을 준비한다. 걱정이나 고민이 떠오를 때마다 적당한 크기와 색깔의 포스트잇을 골라 내용을 간단히 쓰고 걱정의 벽에 붙인다. 나이가 어린 아동의 경우 그림을 그리거나 부모나 형제의 도움을 받아 내용을 적도록 한다. 다른 가족들이나 자기 자신이 그 문제에 대한 해결책이나 격려의 말이 떠오르면 다른 포스트잇에 써서 그 옆에 붙이도록 한다. 걱정이나 고민하던 내용이 해결되면 걱정의 벽에 있는 포스트잇을 떼어 내고 해결된 내용이나 감사하는 일을 적어서 기쁨의 벽에 붙인다.

풍선을 두둥실

현재 느끼는 감정 또는 하루 동안 경험한 감정 중 하나를 고른다. 어떤 상황에서 어떤 감정을 경험했는지 이야기를 나누고, 그 감정에 맞는 색깔의 풍선을 골라서 지금 느끼는 크기만큼 불어본다. 지금 크기로 만족하는지 아니면 줄이거나 더 크게 하고 싶은지 이야기를 나누고 풍선에서 바람을 빼거나 더 크게 불어서 원하는 크기로 만들고 입구를 묶는다.

- 모두의 풍선을 모아서 다양한 방식으로 활동을 한다. 가족이 협력해서 알람을 맞추고 정해진 시간 동안 감정 풍선을 떨어뜨리지 않고 위로 올려 치기, 서로 주고 받기, 밥주걱 테니스 등 자녀의 연령에 맞는 활동을 한다.

### 색 찰흙 또는 슬라임 만들기

다양한 감정들에 대해 이야기를 나누고 그 감정에 맞는 색 찰흙으로 원하는 모형을 만든다. 또는 감정을 표현할 수 있는 다양한 재료비즈, 폴리머 스틱 등를 활용하여 슬라임을 만든다.

## 감정 **목걸이** 또는 **팔찌** 만들기

아동이나 청소년의 나이에 따라 적합한 재료를 사용하여 목걸이나 팔찌를 만든다. 다양한 크기와 종류의 비즈를 준비하고 우레탄 줄을 준비한다. 자신이 선택한 감정 단어와 어울리는 비즈를 골라서 원하는 패턴으로 연결하여 완성한다. 작품을 완성한 후, 각각의 비즈와 전체 작품이 어떤 의미가 있는지 이야기를 나눈다.

- 상실 대상과 관련한 감정을 표현
- 평소에 주로 느끼는 감정
- 또는 더 느끼고 싶은 감정
- 특정한 대상에게 선물로 주고 싶은 감정 등

# 상실한 대상에 대한 기억을 나누는 활동

'그리운 ○○에게'

편지는 상대방에게 소식이나 용무를 전달하기 위한 글이다. 상실의 대상, 그리운 대상, 자신의 종교적 배경에 따라 신이나 절대자 등 편지를 보내고 싶은 대상을 정한다. 편지지나 A4용지와 봉투를 준비해서 하고 싶은 이야기를 적도록 한다. SNS나 문자 메시지, 이메일 등의 형식으로 하고 싶은 이야기를 적어 볼 수 있도록 한다.

- 자녀가 '전하지 못한 마음'을 표현해 보도록 다음의 형식을 이용할 수도 있다.

- **사과**: "내가 당신/(　　　)에게 미안한 것은 _____"
- **용서**: "나는 _____에 대해 _____을 용서합니다." 또는
  "_____한 나쁜 일이 일어났지만 괜찮아요."
- **꼭 말해야 할 중요한 감정**(사과나 용서를 제외하고): _____
  _____
- **소중한 기억**: "_____에 대해 _____에게 정말 고마워요." 또
  는 "제가 감사하는 것은 _____"

사랑하는 아빠께

아빠, 요즘 저는 아빠와 함께 했던 시간들을 떠올릴 때가 많아요. 그러
다가 문득 제가 아빠께 하고 싶은 말이 있다는 것을 알게 되었어요.

아빠, 너무 보고 싶어요.

아빠한테 고집 부렸던 거 죄송해요. 말대꾸하고 대들었던 것도 죄송해요.

아빠가 동생보다 저에게 너무 엄격하게 대하실 때가 많았는데 그건 용
서할게요. 제 말이 옳다고 인정해 주거나 잘못했을 때 한 번도 봐주지 않
고 혼냈던 것도 이제 용서할게요.

저는 가끔 밤하늘을 올려다보면서 아빠 생각을 해요. 우리 가족 여행 가
서 밤에 바닷가 걸으며 하늘 보고 별 봤던 때가 떠올라요.

아빠 핸드폰은 제가 꼭 가지고 있을 거예요. 아빠랑 주고받은 문자 메시
지들이 그대로 있으니까 이게 있으면 아빠를 언제나 기억할 것 같아요.

저는 아빠가 부지런하고 성실한 사람이라고 생각해서 늘 자랑스러웠
는데 그걸 아빠에게 말한 적이 없네요. 미안해요. 내가 아빠를 얼마나
자랑스러워했는지 아빠가 아셨으면 좋겠어요.

아빠가 돌아가셔서 더 이상 여기 없다는 게 뭔가 불공평한 것 같아서
억울한 기분이 들기도 해요. 저는 아빠가 돌아가셔서 너무 슬퍼요.

아빠 사랑해요. 아빠 보고 싶어요.

안녕, 아빠.

아빠 딸 희주 올림

상실 대상이 좋아했던 음악이나 그 대상에게 들려주고 싶은 연주나 노래 또는 자신이 잃어버린 것을 잘 나타내는 연주나 노래를 고르고 선택한 이유를 말한다. 노랫말이나 멜로디 중 인상적인 부분 소개하고 함께 들어 본다.

가족이 노래를 배워서 함께 부르거나 다룰 수 있는 악기로 연주를 한다. 바꾸고 싶은 부분의 가사나 멜로디, 리듬을 바꿔서 부르거나 연주하고, 녹음 또는 녹화를 해 둔다.

### 기억 상자

적당한 크기의 상자나 가방을 준비한다. 자신의 삶에서 상실의 대상을 떠올리게 하는 물건들을 담아 둔다. 너무 큰 물건이라면

사진을 찍거나 글, 그림으로 그려서 넣는다. 그 물건이 떠오르게
하는 추억은 무엇인지 이야기를 나눈다. 어디에 이 상자 또는 가
방을 두면 좋을지, 왜 그곳이 최적의 장소인지 의논하여 결정한
다손에 닿는 가까운 곳, 손이 닿지 않는 깊숙한 곳, 밝은 곳, 어두운 곳, 거실, 주방, ○○의 방 등.

마음을 만져 주는 **전시회**

가족이 의논하여 전시회 기간과 전시회 주제, 장소를 정한다예:
돌아가신 할머니 생신에 할머니가 좋아하셨던 것을 주제로 '봄 할머니 전시회'를 거실에서 열고, 작품을 동영상과 사진으
로 찍어 가족 SNS에 올리고, 멀리 떨어져 있는 친척이나 할머니의 지인들과 공유함. 위로가 되는 그림,
사진, 글귀 등을 모아서 전시하고 다양한 방식으로 소개하고 공
유한다.

**추모 의식**

가족이 가진 종교 또는 가족의 문화에 따라 고인을 추모하는 의식이 다르다. 기본적인 형식을 따르되, 아동·청소년들이 의식에 참여할 수 있는 기회를 마련해 준다. 예를 들어, 고인의 약력<sub>아동·</sub>청소년에게 중요한 의미가 있는 일 중심으로 소개, 추모사 작성, 추모곡 연주, 추모 시 낭송 등으로 참여하도록 함으로써, 아동·청소년이 자신의 인생에서 중요한 의미를 가지고 영향을 미쳐 온 고인과의 관계를 재조명할 수 있도록 한다. 중요한 것은 추모 의식을 준비하면서 가족이 함께 대화하고 계획하는 데 참여하면서 고인에 대한 기억을 나눌 수 있다는 점이다.

# 다양한 대처 방법을 찾기 위한 활동

**인생 리스트**

A4 용지에 내 인생에서 중요한 사람, 물건, 장소, 음식, 음악 등을 30개 이상 쓴다. 그중에서 20개를 중요한 순서대로 골라서 다른 색 펜으로 표시한다. 다른 종이에 선택한 20개를 순서대로 적어 보고 이야기를 나눈다.

- 각각의 것이 가장 필요한 순간은 언제인가?
- 내가 선택한 것들에는 어떤 공통점이 있을까?
- 나에게 가장 중요한 것은 무엇인가?
- 이 리스트는 내가 어떤 사람이라는 것을 말해 주는가?
- 이 리스트를 누구에게 알려 주고 싶은가?
- 내 리스트에는 없지만 다른 사람의 리스트에서 빌리고 싶은 것은 무엇인가?

무인도/우주로 여행을 떠날 때 가져가고 싶은 것, 함께 가고 싶은 사람을 고르도록 할 수도 있다.

나에게 중요한 장소, 또는 이사 등으로 떠나는 동네의 지도를 만든다. 나에게 의미 있는 곳의 리스트를 작성한다. 인터넷 등에서 지역의 지도를 구해서 그 위에 글이나 그림으로 표시하거나 직접 사진을 찍어서 나만의 지도<sub>예: 내가 다닌 유치원 정문, 놀이터, 자전거를 처음 탄 곳, 나만 아는 **특별한 장소 등**</sub>를 만든다.

새로운 곳으로 이사를 해야 하는 경우라면 새 동네의 지도를 가지고 미리 동네를 탐방하고 나에게 중요한 장소를 표시한다. 그곳에서 하고 싶은 일들을 적어 본다.

자신에게 도움이 된 위로 방법들예: 조용한 음악 듣기, 곰인형 끌어안기, 꽃향기 맡기, 달리기나 농구하기, 노래 부르기, 기도하기 등이 무엇인지를 적는다. 일회용 반창고에 유성 사인펜으로 위로 방법을 한 가지씩 적고 어떤 상황에서 누구에게 이 방법이 도움이 될지 미리 이야기를 나눈다. 특별한 위로 메시지가 담긴 일회용 반창고를 지퍼백에 담아서 가지고 다니다가 필요한 사람에게 준다.

돌아라 바람개비

심호흡은 긴장된 근육을 이완시키고 지나치게 활성화된 생리적 기능의 각성을 가라앉히는 데 유용하다. 아이들과 바람개비를 만들면서 각 날개마다 자신이 좋아하는 캐릭터 스티커를 붙이거나 원하는 그림을 그리도록 한다. 또는 위로가 되거나 편안함이 느껴지는 단어들을 적도록 한다. 완성된 바람개비를 다양한 방식<sup>입 가까이, 멀리, 세게, 여리게, 빨리, 천천히 등</sup>으로 불고 느낌을 나눈다.

### 즐거운 활동 사전

긍정적인 감정을 촉진할 수 있는 즐거운 활동 목록을 작성하여 실행한다. 우리는 음식으로 미처 섭취하지 못한 성분을 보충하기 위해 영양제를 먹는데, 영양제는 보통 아플 때가 아니라 평소에 복용한다. 즐거운 활동은 우울해지거나 부정적인 기분이 들 때 하는 것이라 아니라 평소에, 마치 영양제를 복용하듯 하는 것이

| ○○○의 즐거운 활동 사전(예시) | | | |
|---|---|---|---|
| 친구와 놀기 | 음악 듣기 | 영화 보기 | 독서하기 |
| 그림 그리기 | 애견카페 가기 | 산책하기 | 농구하기 |
| 춤추기 | 빵 만들기 | 떡볶이 먹기 | 머리 염색하기 |
| 스케이트보드 타기 | 바둑 두기 | 노래방 가기 | 축구장 가기 |
| 청소하기 | 옷장 정리하기 | 게임하기 | SNS에 사진 올리기 |
| 작곡하기 | 아이돌이 된 상상하기 | 팬클럽 활동하기 | 색종이 접기 |
| 빵, 과자 만들기 | 라면 먹기 | 새로운 것 배우기 | 미래 계획 세우기 |

도움 된다. 목록을 작성해 두면 여유 시간이 생겼을 때 망설이거나 고민하지 않고 즉시 시행할 수 있다. 즐거운 활동을 한 후 날짜와 활동 내용, 간단한 소감이나 떠오른 생각을 메모 형식으로 남기는 일기장을 만들어 기록하는 것도 도움이 된다. 원하는 활동이 생길 때마다 목록에 추가한다.

### 잃어버린 시간을 찾아서

윷놀이나 종이접기 등을 활용해서 가족반의 게임도구를 만든다. 윷판에 8~10개 정도 칸에 색을 칠하거나 스티커를 붙여서 '특별한 칸'을 표시한다. '특별한 칸' 중 반은 시간, 반은 장소를 표시한다. 미리 시간/장소와 관련된 질문 카드를 각각 20개 정도 만

들어 둔다(예: 6개월 전, 2년 전, 5년 전, 10살 때, 8살 때/가족이 함께 갔던 여행지나 친척집, 놀이공원이나 시장, 학교 등). '특별한 칸'에 걸리면 도착한 말의 수만큼 질문 카드를 골라서 해당되는 시간이나 장소에서 있었던 기억나는 일을 소개한다. 나머지 가족들은 그 사건과 관련된 자신의 기억을 덧붙이거나 그 이야기를 듣고 떠오른 생각이나 감정을 나눔으로써 특별한 이야기를 더 정교하게 만들어 간다.

### 동서남북 종이접기

각 칸마다 그리운 시간, 장소, 음식, 사람, 노래, 옷, '꽝' 등 다양한 항목을 적는다. 위로 보이는 면에는 각각 동서남북을 적은 후 게임을 한다. 가위바위보를 해서 이긴 사람이 "동쪽으로 다섯 번"이라고 하면 종이모형을 접었다 폈다 5회 한 후 '동'에 해당하는 항목을 읽고 그것과 관련된 추억을 한 가지 말하도록 한다. 말하는 사람이 보다 상세히 설명하고, 그 일과 관련한 자신의 감정,

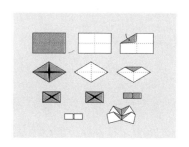

그리운 점을 명확히 말할 수 있도록 잘 들어 준다.

### 나무 심기 화분 가꾸기

자녀가 좋아하는 식물을 심거나 기른다. 심은 나무나 꽃의 꽃말을 찾아서 이름표를 만들어 화분에 꽂아 주고 실제로 부를 이름을 지어서 적어 준다. 나무나 꽃에서 현재 눈에 보이는 부분과 보이지 않는 부분, 아직 나타나지는 않았지만 앞으로 나타날 부분, 시간이 흐르면 없어질 부분과 시간이 더 많이 지나면 다시 나타날 부분에 대해 이야기를 나눈다.

# 새로운 의미 부여를 돕는 활동

 자녀에게 익숙한 레고 블록이나 인형들을 가지고 가족사진을 찍는다. 가족사진에 누구를 포함시킬지 정하고 자녀가 가진 놀잇감 중에서 각 가족을 나타내는 것들을 고르게 한다. 자녀가 그리워하는 고인이나 상실의 대상을 포함시킬 수 있다. 자녀에게 원하는 모습으로 가족을 배치하고 다양한 각도에서 직접 사진을 찍어 보게 한다.

원하는 색깔과 패턴의 플리스 천을 25cm×25cm 정사각형으로 오려 16개 준비한다. 정사각형의 네 모서리에서 5cm×5cm씩 잘라 내고, 네 면을 따라 폭 1.5cm×길이 5cm의 술을 만든다. 술이 만들어진 플리스 천 조각이 모두 준비되면 원하는 패턴으로 배치하고 술끼리 잘 묶어서 풀리지 않도록 한다. 바느질을 하지 않고 만들 수 있으므로 아동·청소년도 쉽게 만들 수 있다. 각 색깔이나 패턴을 살펴보며 아동·청소년이 부여한 의미에 대해 대화를 나눌 수 있다.

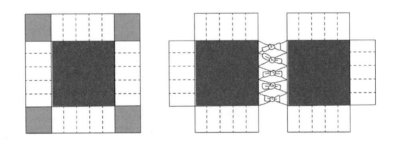

적당한 크기와 모양의 실리콘 틀얼음이나 쿠키의 틀과 다양한 색깔의 크레파스를 준비한다. 쓰고 남은 크레파스 조각들을 활용하는 것도 좋다. 원하는 색깔의 크레파스들을 작은 조각으로 잘라 실리콘

틀에 담고, 오븐이나 에어프라이어에서 180도로 5분 정도 굽는다. 크기가 큰 크레파스를 만들고 싶다면 종이 호일로 원하는 모양의 틀을 만들어서 사용한다. 다 구워지면 꺼내 식히고 틀에서 빼내면 다양한 무늬로 색이 섞인 새로운 크레파스가 탄생한다.

- 제사나 추도예배 등 고인을 추모하는 날, 각자가 고인과의 추억을 하나씩 나눈다.
- 그 추억과 어울리는 색깔의 크레파스를 한 가지씩 고른다.
- 각자 고른 크레파스를 모두 모아 작은 조각으로 자르고 원하는 만큼씩 틀에 넣어 구운 후 나누어 가진다.
- 여러 가지 색깔이 조화를 이루며 만들어진 새로운 크레파스를 사용해 그림을 그려 본다.
- 다양한 상실의 대상을 떠올리며 활동할 수 있는데, 예를 들자면 다음과 같은 대화를 자녀와 나눌 수 있다.

  – "○○이에게 소중한데 지금은 만날 수 없는 것 / 그리워하는 것 / 잃어버려서 아쉽고 속상한 것(아동·청소년의 연령에 맞는 표현을 사용함)은 무엇일까?"
  – "(        )들 각각에 어울리는 색깔을 골라 보겠니?"
  – "그립고 아쉽다는 것은 ○○이가 그것을 소중히 여기고 사랑했기

때문에 느낄 수 있는 귀한 감정이야. 괴롭고 슬플 때도 있지만 그 감정들은 네가 (　　　)에게 쏟은 마음과 정성이 얼마나 큰지를 알려주지. 이 감정들이 네 마음속에서 어떤 모양으로 조화롭게 나타날까?"

## 만화경 만들기

준비물: 원통형 과자통, 거울지, 투명랩, 셀로판지 또는 색종이, 가위, 투명테이프, 투명 구슬, 아주 작은 얼굴 사진

　거울지를 직사각형으로 오려 붙여서 과자통에 들어 갈 삼각기둥을 만들어 넣는다. 과자통의 막힌 쪽 가운데에 눈으로 볼 수 있도록 구멍을 뚫어 둔다. 뚫린 쪽에는 투명랩을 씌워 고무줄로 고정하고, 작게 오린 색깔 셀로판지와 투명 구슬과 작은 얼굴 사진 등을 불투명한 뚜껑 위에 올려놓고 덮는다. 만화경을 돌려 보면 예쁜 모양을 볼 수 있다.

　똑같은 셀로판지 조각과 구슬, 사진이지만 만화경을 돌릴 때마다 우리가 보는 것은 새로운 모양이다. 각각의 조각들이 이리저리 다르게 배열되고 반사되어 매번 다르고 아름다운 모습을 볼 수 있다. 상실이라는 슬프고 괴로운 사건에 대해 우리는 애도함으로써 반응한다. 건강하게 진행되고 완결된 애도란 우리 삶의

이야기 속에 상실과 관련된 모든 경험들이 마치 만화경으로 본
모습과 같이 다양한 모습으로 통합되어 나타나도록 해 준다.

## 그리움의 향기

대형 마트의 화장품 코너, 목욕 용품을 파는 곳, 직접 향수를 만
들 수 있는 공방 등에서 그리움과 추억의 대상이나 경험을 떠올
리게 하는 향을 골라 보도록 한다. 특별히 고른 향의 로션을 부모
가 자녀의 손발에 발라 주거나 팔다리를 마사지해 주면서 대화를
나눌 수도 있고, 자신이 직접 바르며 그 향기를 느낄 수도 있다.
경우에 따라서는 '가족의 향기'를 정해 오일 디퓨저로 사용할 수
있다. 마르셀 프루스트의 『잃어버린 시간을 찾아서』라는 소설에
서 중년의 주인공은 우연히 홍차에 적신 마들렌을 먹다가 그 맛

과 향기, 분위기 때문에 과거의 기억을 떠올리게 된다. 입력된 감각 정보를 시상을 통해 대뇌에 전달하는 시각이나 청각과는 달리, 후각을 통한 정보는 감정과 기억을 관장하는 변연계에 직접 전달된다. 그러므로 아동 · 청소년이 기억하고 싶은 대상이나 경험에 대해 떠올릴 수 있는 향의 로션이나 오일 등을 선택하여 발라 보도록 하는 것은 긴장을 이완하게 할 뿐 아니라 스스로를 위로하고 기억을 통합하며 공고화하는 데 도움이 된다.

우리가 애도하는 것은 '관계'이다. 아동·청소년이 맺어 왔던 관계들은 모두가 독특하고 유일한 것이기 때문에 어떤 상실은 크고 어떤 것은 작다고 말할 수 없다. 아동·청소년이 잃어버린 것이 소중한 사물이나 장래의 꿈, 건강, 반려동물이나 선생님, 친구들, 부모 또는 조부모 등 그 무엇이건 간에 소중한 것을 상실했을 때는 슬픔과 괴로움, 그리움을 느낀다. 성인인 부모나 돌봄 제공자가 할 일은 상실의 경험을 가진 아동·청소년이 겪는 슬픔을 마무리할 수 있도록 돕는 것이다. 상실은 아동·청소년이 맺어 왔던 관계들이 함축하고 있는, 그동안 익숙했던 다양한 활동과 사건과 기대들에 변화나 종결을 가져온다. 그동안 아동·청소년의 삶 속에 있었던 관계들, 즉 많은 사건과 활동들에는 아주 다양한 기억과 복잡한 감정들이 포함되어 있다. 이들이 감정과 생각에 압도되지 않고 자신의 상실을 인정·수용하고 슬픔과 괴로움을 마무리함으로써 안전감과 안정감을 회복하고 상실 이후의 변화된 환경에 적응할 수 있게 도우려면 성인인 우리가 먼저 상실에 대한 건강한 애도를 할 수 있어야 한다. "Monkey see, monkey do." 즉, 아이들은 보는 대로 배우기 때문이다. 그러므로 지금까지 소개한 활동들의 목적, 즉 상실과 관련하여 자신이 느끼는 감정들이 무엇인지 알기, 자신의 감정을 말로 설명하고 표현하기, 상실한 대상에 대한 기억을 자유롭게 나누기, 상실로 인한 변화들에 대처할 수 있는 방법 찾기, 그리고 상실 경험에 대한 새로운 의미 부여하기를 성인인 우리가 직접 실천해 봄으로써 건강한 애도자가 되는 것이 우선해야 한다.

상실로 인한 슬픔에서 단번에 벗어나는 방법은 없다. 애도는 상실로 인해 변한 삶과 환경에 대해 적응하는 과정이며, 그것은 순간마다 애도자가 반응을 선택함으로써 이루어진다. 아동·청소년의 슬픔 또는 나 자신의 슬픔에 압도당한다고 느낄 때 멈춰서서 눈앞에 있는, 할 수 있는 한 가장 도움이 되는 행동들을 선택한다면, 우리가 잃은 소중한 것들에 대한 애도를 완성해 갈 수 있을 것이다.

This grief has gravity

슬픔에는 중력이 있어

It pulls me down

날 끌어 내리네

But a tiny voice whispers in my mind

하지만 작은 소리가 내 맘속에서 속삭여

"You are lost

"너는 길을 잃었어

Hope is gone

희망도 사라졌지

But you must go on

그렇지만 계속 가야만 해

And do the next right thing"

그리고 지금 옳은 일을 해."라고


– 영화 〈겨울왕국 2(Frozen 2)〉 OST "The next right thing"

## 참고
## 문헌

육성필, 박혜옥, 김순애(2019). 애도의 이해와 개입. 서울: 박영스토리.

Di Ciacco, J. A. (2008). *The Colors of Grief: Understanding a Child's Journey Through Loss from Birth to Adulthood*. Philadelphia, PA: Jessica Kingsley Publishers.

Faber, A., & Mazlish, E. (2012). *How to Talk So Kids Will Listen & Listen So Kids Will Talk*. New York: Scribner Book Company.

Fiorini, J. J., & Mullen, J. A. (2014). 슬픔과 상실을 겪은 아동 · 청소년 상담 및 사례. *Counseling Children and Adolescents Through Grief ans Loss*. (하정희 역). 서울: 학지사. (원저는 2006년에 출판).

Fogarty, J. A. (2000). *The Magical Thoughts of Grieving Children: Treating Children with Complicated Mourning and Advice for Parents*. New York: Baywood Publishing Company.

Freeman, S. J. (2019). 애도상담: 상실과 비애에 관한 상담 지침서. *Grief and loss: understanding the journey*. (이동훈, 강영신 공역). 서울: 사회평론

아카데미. (원저는 2005년에 출판).

Holmes, J. (2005). 존 볼비와 애착이론. *John Bowlby & attachment theory*. (이경숙 역). 서울: 학지사. (원저는 1992년에 출판).

James, J. W., Friedman, R., & Matthews, L. L. (2001). *When Children Grieve*. New York: Harper Collins Publisher.

Rosenberg, M. B. (2020). 비폭력대화. *Nonviolent communication*. (캐서린 한 역). 서울: 한국 NVC 센터. (원저는 2015년에 출판).

Teyber, E. (2001). *Helping Children Cope with Divorce* (2nd ed.). New York: Jossey-Bass.

# 찾아
# 보기

## 저자 소개

**김유숙**

일본 동경대학교 의학부 보건학박사(임상심리 전공)

**현** 서울여자대학교 교육심리학과 명예교수

한스카운셀링센터 책임 슈퍼바이저


**유승림**

서울여자대학교 교육심리학과 박사수료(상담 및 임상심리 전공)

미국 풀러신학교 임상심리대학원 석사(결혼 및 가족치료 전공)

**현** 한스카운셀링센터 부소장 및 대표

| 아동과 청소년 문제해결 시리즈 9 |

# 상실의 문제를 가진 아동·청소년 · 상실을 슬퍼하는 아이를 어떻게 도울 것인가? ·

**초판 1쇄 인쇄** 2022년 3월 25일
**초판 1쇄 발행** 2022년 4월 5일

**지은이** 김유숙·유승림
**발행인** 김진환

**발행처** 이너북스    **주소** 서울특별시 마포구 양화로 15길 20 마인드월드빌딩
**대표전화** 02-330-5114    **팩스** 02-324-2345
**출판신고** 2006년 11월 13일 제313-2006-000265호
**홈페이지** http://www.hakjisa.co.kr

ISBN 978-89-92654-64-7 03180
정가 13,000원

**출판 · 교육 · 미디어기업 학지사**

간호보건의학출판 **학지사메디컬** www.hakjisamd.co.kr
심리검사연구소 **인싸이트** www.inpsyt.co.kr
학술논문서비스 **뉴논문** www.newnonmun.com
교육연수원 **카운피아** www.counpia.com